# Ma 153ᵉ victoire

# PAUL EL KHARRAT

# Ma 153ᵉ victoire

avec la collaboration
de Serge Poezevara

Harper
Collins
POCHE

**HARPERCOLLINS FRANCE**
83-85, boulevard Vincent-Auriol, 75646 PARIS CEDEX 13
Tél. : 01 42 16 63 63
www.harpercollins.fr
ISBN 979-1-0339-0959-0

# Préface

## *de Jean-Luc Reichmann*

Cher Paul,

La lumière sur la différence…

Si nous avons pu, ensemble, à quelque niveau que ce soit, faire avancer la réflexion sur la différence, si nous avons pu mettre la lumière pour éviter le détournement du regard des autres…

Si toi et moi avons pu lutter contre ces différences qui font nos différences…

À tes côtés pendant 153 jours, tous ces moments surprenants, émouvants, insaisissables, d'une profondeur et d'une sincérité à toutes épreuves.

Toutes ces personnes que tu as peut-être sensibilisées, ces familles qui sont de près ou de loin touchées par l'autisme ou par le handicap à qui tu as donné de l'espoir.

Tu as su passer le cap de l'appréhension de la différence, et, grâce à cela, tu as pu casser la peur, tu as pu faire bouger les lignes de la tolérance et de la bienveillance…

Tout simplement à ta manière en allant vers l'autre et même si, pour toi, ça a été un effort considérable en ayant le courage de tendre la main vers l'inconnu.

Même si parfois je t'ai bousculé, même si, de temps à autre, en te parlant d'amour devant des millions de personnes, tu as été dérouté, ton courage et ta persévérance ont eu un effet retentissant sur nous deux, sur ta famille et sur nous tous.

Si je te dis tout ça, c'est pour te donner la force d'essayer d'être heureux.

Comme on peut le découvrir dans ton livre, tu n'es pas « comme tout le monde », Paul, c'est vrai.

Tu m'as bouleversé car tu as pris ton destin en mains pour venir te prouver à mes côtés, avec ta grande sincérité, que tu pouvais le faire. Tu t'es surpassé, tu as bousculé tes codes, tu as été certainement au-delà de ce que tu pensais pouvoir réaliser, tu n'as jamais rien lâché.

N'oublie pas, Wiki-Paul, que grâce à ton passage aux *Douze Coups de Midi* et à ce livre tu es quelqu'un qui, à ta manière, a fait avancer le regard de l'autre.

Je suis fier de toi.

Jean-Luc Reichmann

*Note de l'éditeur : Nous remercions M. Reichmann pour cette préface qu'il a accepté de rédiger par amitié pour Paul. À sa demande, nous reversons l'intégralité de ses droits à l'association Équilibre : « se séparer en paix pour nos enfants » (http://asso-equilibre.com) dont il est le parrain.*

# Extraterrestre

Sur la pendule digitale, l'heure s'affiche en chiffres verts : *16 : 48*. Alors que d'un rapide coup d'œil vous avez enregistré la seule information utile à vos yeux, *il est seize heures quarante-huit*, vous remarquez que je suis comme absorbé par les quatre chiffres. Lorsque vous m'interrogez, je vous lâche quelques mots en guise d'explication : « 1648, décès de Tirso de Molina, le religieux créateur de Dom Juan. » Je vous sens interloqué. Il est déjà seize heures quarante-neuf, je poursuis : « 1649, Révolution anglaise, Charles Ier décapité le 30 janvier à Whitehall. Oliver Cromwell devient chancelier de l'Angleterre. Arrêt de la monarchie jusqu'en 1659. » Vous essayez de reprendre le contrôle de la conversation, mais je ne vous écoute pas. Insistant, le doigt pointé vers la pendule qui indique *16 : 50*, j'enchaîne. « 1650, mort de René Descartes. On est en plein milieu de la Fronde. » Vos yeux ronds me font sourire. Je m'éclate ! À seize heures cinquante et une naîtra Fénelon, à seize heure cinquante-deux, je vous annoncerai, l'air triomphant, le rétablissement de l'autorité de Louis XIV et son installation au Palais du Louvre. La Fronde vit ses derniers mois. Vous tenterez une fois encore de m'orienter sur un autre sujet, y parviendrez momentanément. À dix-neuf heures précises, intarissable, joueur, je serai toujours là, à vous raconter les JO de Paris de 1900, tandis que vous crierez grâce, épuisé, appelant de tous vos vœux que *20 : 21* s'affiche enfin et que ma mémoire se mette sur pause. J'adore ces petits challenges personnels, ces moments ludiques où je peux partager toutes les informations engrangées au fil des années, toutes ces dates, ces événements qui viennent à moi sans que je les appelle et qui s'imposent comme autant de parasites surgissant de mon cerveau pour mieux me déconcentrer.

Si nous poursuivons la conversation, vous remarquerez sans doute, tandis que je vous parle, mon doigt qui court sur la table, dessine des lettres, forme des mots au gré de mes pensées. Parce que mon regard a été happé par un détail quelque part autour de moi, par une image, par ce tableau sur le mur qui m'a fait penser à l'aventurier don Pablo de Ségovie, et que j'ai éprouvé le besoin immédiat de tracer devant moi « Quevedo », le nom de l'auteur qui lui a donné vie. Vous le connaissez ? Francisco de Quevedo, né à Madrid en 1580, mort en 1645. Je suis ainsi, je ne m'arrête jamais. J'écris des chiffres, des dates, des mots, partout. J'écris sous la douche, sur la buée, puis j'efface en passant de l'eau sur la vitre et je recommence. Quand la buée s'estompe, les mots sont toujours là.

Vous devez me trouver étrange, non ? Vous n'avez pas complètement tort. Que direz-vous alors, lorsque vous m'aurez vu *faire le foufou*, pester contre la société, partir vent debout pour défendre mes idéaux ? Nul besoin d'être très observateur pour le remarquer, je suis atypique, très souvent ailleurs, dans la lune, décalé. Tout chez moi fonctionne sur le psychisme, et ce n'est pas ma carcasse de plus d'un mètre quatre-vingt-dix qui le démentira. J'ai beau dévorer, voilà des années que je ne prends plus un kilo. Je suis une brindille, un coton-tige. Mon cerveau d'Asperger absorbe tout, se gave de nourriture et d'informations, et m'offre en retour d'exceptionnelles capacités de mémorisation et une inadaptation criante à la société qui m'entoure. Il est ma force, et mon handicap. Je suis dans la vie tel qu'on m'a vu à l'écran, un extraterrestre de vingt et un ans.

# Sous les sunlights

Pleins feux sur le plateau de TF1. Au rythme de la musique, l'étoile blanche et violette du générique virevolte sur les écrans. J'ai le cœur qui fait des loopings. C'est parti pour mes premiers *Douze Coups de midi*.

Tout sourire, Jean-Luc Reichmann esquisse un pas de danse et s'élance vers le public. Il s'immobilise et regarde la caméra droit dans les yeux. À l'image, on ne voit plus que lui.

— Bonjour, bonjour, en ce lundi une divine semaine s'annonce, aux *Douze Coups de* ?

— *Midiiiiii* ! répond d'une seule voix le public en liesse.

— Avec notre invitée, c'est un peu la tête et les jambes. Elle est gracieuse, mais pas que. Elle représente fièrement la région Champagne-Ardenne, et hier elle a partagé 30 000 euros avec un téléspectateur. Châlons-en-Champagne est représentée par Méliiiiiissaa !

Le public redouble d'applaudissements, tandis que Zette, l'emblématique voix-off de l'émission, résume avec humour la partie d'hier. Tout en haut de l'escalier, Mélissa apparaît, détendue, rayonnante, se saisit de l'Étoile symbole de sa victoire, et rejoint le plateau sous l'œil attentif des caméras.

À quelques mètres de là, juste derrière les décors, tremblant, j'attends mon tour aux côtés des deux candidats qui tout à l'heure, comme moi, se lanceront dans l'aventure. C'est une sensation étrange, d'angoisse et d'excitation mêlées.

Mélissa raconte qu'avec les 15 500 euros qu'elle a déjà empochés elle ira voir les lamas et les alpagas au Pérou. Je n'écoute pas. Je me rassemble. De tout mon être je me prépare à pénétrer dans cet univers hostile, fait de bruit, de lumières et de regards braqués sur moi. Tout ce que je déteste, tout ce qui me met mal à l'aise, tout ce qui me donne envie de m'enfuir et de me retrouver seul, au cœur d'une forêt profonde, loin de toute trace humaine. Mais aussi, paradoxalement, tout ce que j'ai désiré, espéré, attendu depuis de longues semaines. Car cette présence sur un plateau de télévision, c'est bien moi qui l'ai choisie. J'ai décidé de me frotter à la compétition. Je vais devoir me surpasser, prouver aux autres et à moi-même que j'en suis capable.

Tandis que Mélissa, déjà installée derrière son pupitre, répond correctement à sa première question en affirmant que l'expression « Être un crack » est issue du monde hippique, dans les coulisses on nous fait signe qu'il faut y aller. C'est le moment d'entrer dans l'arène, de sourire, de montrer que je suis parfaitement détendu, même si tout mon corps me crie le contraire.

Go !

— C'est au grand galop que nos invités arrivent sur le plateau, déclare Jean-Luc Reichmann, imitant le hennissement du cheval.

Jérémie se jette à l'eau le premier. Il est souriant, décontracté. Zette annonce qu'il a été trois fois champion du monde de *country line dance*, ce qui tombe bien, car aujourd'hui c'est la Journée internationale de la danse. C'est d'ailleurs en dansant qu'il fait son entrée.

— N'ayant pas la télé, passionné de littérature et très sensible à la cause animale, Paul, de Grenoble, étudie l'histoire.

Ce n'est plus le moment de réfléchir, je m'élance vers le plateau. Je réussis à sourire, et parais presque à l'aise. Je lève les bras, sous les applaudissements d'un public toujours très démonstratif, et tends la main à Jean-Luc. Tout ceci ne me ressemble guère, mais je me débrouille. Zette poursuit :

— Célibataire, il recherche une jeune fille partageant sa passion pour la philatélie.

N'importe quoi ! Ça, c'est vraiment de la télé. Il faut trouver des petites choses qui vont retenir l'attention du public, quitte à s'arranger un peu avec la réalité. C'est vrai, j'ai collectionné les timbres, et, oui, je suis célibataire. Mais de là à me présenter comme quelqu'un qui cherche une jeune philatéliste…

— Super, Paul ! Merci d'être là, ça me fait plaisir.

Jean-Luc est très bienveillant, très sympathique. Rassurant. Il sait que c'est difficile pour moi. Tandis qu'il m'accompagne jusqu'à mon pupitre, Séverine fait son entrée sur le plateau. Zette la présente comme « cherchant activement l'amour ». Comme par hasard ! « Si vous êtes grand, musclé, amateur de voitures, et au regard de tombeur… » Nos deux profils semblent pour le moins incompatibles. Si la production avait envisagé de jouer les entremetteurs, c'est raté ! Comme Jérémie, Séverine est une danseuse expérimentée. Au centre du plateau elle se déhanche, bientôt rejointe par Mélissa. Jean-Luc se dandine et fait le clown. Par chance, il ne me propose pas de venir rejoindre les deux candidates. Il a bien cerné que ce n'était pas mon truc. L'idée même de devoir me trémousser en public suffirait à me plonger dans un profond désarroi. Je n'arrive pas à danser. Sentir la présence physique des autres me bloque. Je préfère me livrer à ce style de démonstration dans l'intimité de ma chambre, avec pour seuls témoins les voisins du dessous, qui parfois, le soir, entendent le rythme de mes pas au-dessus de leur tête.

C'est au tour de Jérémie de se présenter. Dans les loges on nous a demandé de réfléchir à une anecdote, une petite histoire amusante, un trait de caractère original. Jérémie raconte qu'il s'est endormi en cours et s'est blessé avec un stylo. Le public rit. Puis il répond avec succès à sa première question. Jean-Luc s'essaye à une imitation de Julien Lepers.

— Je suis, je suis je suis… Paul, je suis plutôt quoi alors ?

— Je suis plutôt… Je suis plutôt Asperger, moi !

Pour une première anecdote, j'avoue que je fais fort. Mais j'ai décidé de ne pas y aller par quatre chemins. Parce que c'est l'essence même de ma personne. Pour qu'on ne se demande pas pourquoi je suis étrange. Quel autre mot me définirait avec plus de justesse et de sincérité ? Je tente une explication :

— C'est un syndrome autistique qui ne touche pas les capacités cognitives, un syndrome léger par rapport à l'autisme que la plupart des gens connaissent… C'est des difficultés de communication. C'est un peu compliqué dans la vie de tous les jours… Mais ça va.

Jean-Luc se montre intéressé.

— Et vous suivez des études ?

— Oui, je suis étudiant en histoire, à Grenoble.

— Quand est-ce que ça a été décelé ?

— Il y a presque quatre ans, en juin 2015.

— Et avant, vous avez eu une scolarité normale ?

— Oui, j'ai toujours eu une scolarité normale, jusqu'en terminale. J'ai passé le baccalauréat, je l'ai obtenu, et maintenant je fais des études…

— Eh bien, je suis très heureux que vous ayez pris votre courage à deux mains. Paul, vous êtes autiste Asperger, et vous êtes là. Je suis très fier de vous. Très, très fier de vous, Paul, bienvenue à la maison !

Je ne m'en suis pas mal sorti. Le premier obstacle est franchi. Le public applaudit avec enthousiasme, mais je m'astreins à ne pas l'écouter, ni le regarder. Je ne dois pas me laisser distraire, et c'est un énorme défi. Jean-Luc enchaîne.

— Paul, quel pays a connu au XIX$^e$ siècle une expansion appelée la Conquête de l'Ouest ? Est-ce la Chine, est-ce « l'autre » ?

— Je dirais « l'autre ».

— Vous avez une idée ?

— Les États-Unis.

— Derrière « l'autre », Paul, il y a les États-Unis ! Et ça commence bien pour Paul aussi, comme pour Jérémie et pour Mélissa.

Première question, première victoire. Je suis heureux. Il faut dire que j'ai eu de la chance, je suis tombé sur mon domaine de prédilection, l'histoire. À moins que pour ma première épreuve ils n'aient eu envie de me mettre à l'aise. Je fais redescendre un peu la pression, tout en veillant à rester concentré, car mon tour va bientôt revenir. Après avoir fait une nouvelle démonstration de danse, Séverine répond correctement à sa première question, sur la libido féminine. Au second tour, Mélissa échoue sur une question à propos de la chanteuse et comédienne Taylor Swift. La maîtresse de midi passe à l'orange. À la prochaine erreur ce sera le rouge, et elle risquera l'élimination. Jérémie, lui, reste au vert grâce à une question sur le foot féminin. Les caméras sont de nouveau sur moi.

— On est là pour se faire du bien, affirme Jean-Luc. Qu'est-ce qui vous fait du bien à vous, Paul ?

Plus tôt, dans les coulisses, on nous a donné

quelques indications sur le type de questions que nous poserait Jean-Luc. Mais bien que je m'y sois un peu préparé, au moment de prendre la parole, l'adrénaline aidant, c'est l'improvisation qui prend le pas.

— Moi, j'ai beaucoup regardé l'émission. Il y a eu un moment où je regardais tous les jours. C'est chaleureux, convivial, et puis c'est de la culture, donc…

— Vous aimez tout ce qui est culturel ?

— Voilà, c'est ça.

Jean-Luc me redit avec le sourire qu'il est très content et enchaîne avec la question suivante.

— Paul, dans l'histoire, quel événement a duré cent seize ans ? Soit c'est la guerre de Cent Ans, soit c'est « l'autre ».

Encore de l'histoire. Bien sûr, c'est la guerre de Cent Ans, et je réponds sans hésiter. Jean-Luc confirme.

— Derrière « l'autre » il y a la vie de Jeanne Calment.

Je complète :

— Jeanne Calment a vécu cent vingt-deux ans.

— Et c'est… Une bonne réponse. Super, Paul !

La voix de Zette confirme que Jeanne Calment a bien vécu cent vingt-deux ans. Je ne peux m'empêcher d'ajouter qu'elle est morte en 1997 et née en 1875. Jean-Luc fait les yeux ronds.

— Bien sûr… Voilà, c'est tout ce qu'on avait à dire ?

Sur les dates de naissance et de mort des personnalités, je suis une machine de guerre, intarissable.

Il va falloir que j'apprenne à me retenir, à ne pas en faire trop, même s'il s'agit d'un de mes sujets de prédilection, car à la télévision chaque minute est précieuse.

La question de Séverine porte sur Le Corbusier. Elle se trompe et passe à l'orange. Quant à Mélissa, à cause de la guerre du Cochon et d'une mauvaise réponse sur cet événement historique, elle passe au rouge.

Jean-Luc se tourne vers le public.

— Qui dit rouge dit ?

— Duel ! répond la salle, avec un plaisir sadique.

L'ex-Miss Champagne-Ardenne est en danger. Elle doit choisir à quel candidat Jean-Luc posera la question suivante. S'il échoue, Mélissa gardera sa place. Mais s'il répond correctement, la Maîtresse de midi en titre sera éliminée.

La musique du film de Sergio Leone *Le Bon, la Brute et le Truand* envahit le plateau balayé par des lumières rouges et jaunes, ambiance western. La tension monte d'un cran. Mélissa va devoir désigner son adversaire. Jean-Luc égrène nos prénoms.

— Jérémie, Séverine, Paul… Vous êtes venu avec qui, Paul, aujourd'hui ?

Je présente maman, qui m'a accompagné, et Francine, une amie de la famille assise à ses côtés dans le public. Elles font un petit salut de la main à la caméra, tandis que je prie en silence pour que Mélissa ne me désigne pas.

— Je vais choisir Séverine.

Je respire. Le sourire de Séverine se fige un peu. Elle doit trouver qui, d'Omar Sy, du Comte de Bouderbala, de François-Xavier Demaison, ou de Thomas Ngijol a débuté à l'écran dans un clip de Kool Shen. Séverine hésite, hausse les épaules, et se lance.

— Je dirais Omar Sy.

Mauvaise pioche ! C'est François-Xavier Demaison qui apparaît dans le clip de *L'avenir est à nous*, de Kool Shen.

Large sourire de Mélissa, les mains jointes, qui vient de sauver sa peau, et mine déconfite de Séverine qui murmure un petit merci poli, lorsque à l'écran apparaît en gros plan le sac pique-nique que lui offre la production, avant de la renvoyer dans les rangs du public. Dans le même temps son compteur dégringole à 0, tandis que celui de Mélissa passe de 10 000 à 20 000 euros. Il n'y a plus que trois candidats sur le plateau, et j'en fais partie.

# Petit Zoreille

J'ai trois ans. La voiture de maman gravit la colline et arrive devant l'école Montgaillard de Saint-Denis de la Réunion. Je suis assis à l'arrière. Elle se gare, un bisou et, trop content, je bondis vers la cour de récréation.

C'est l'une des premières images qui me revient lorsque je vais fouiller dans mes plus lointains souvenirs. À partir de ce moment, je revois tout, au détail près. L'escalier rouge, la cantine, en bas, sur la droite, et un long chemin qui longe les classes de maternelle. La cantine, j'adore ça. Il y a le jardin où on fait la photo chaque année, autour de la maîtresse, Mme Trouillot. Je me souviens qu'on a fêté mon anniversaire dans la cour, le même jour que celui de Samuel. On a eu des petites voitures, lui une Alfa-Roméo et moi une Coccinelle. Une enfance heureuse, sereine, joyeuse. J'ai le souvenir d'une vie où il fait beau.

Je suis né le 2 juin 1999 à Saint-Germain-en-Laye, mais je n'avais guère plus d'un an lorsque nous nous sommes retrouvés en plein océan Indien, sur la belle île de la Réunion. C'est ainsi que je suis devenu un petit Zoreille, comme on appelle les nouveaux venus de métropole, au milieu des Kafs, des Yabs, des Malbars, dans cet incroyable brassage ethnique et culturel ou cohabitent Noirs, Blancs, Indiens, Malgaches. Voilà un moment que maman avait envie de voir du pays. Elle avait d'abord envisagé de partir à l'étranger, mais n'avait pas trouvé le poste qui lui convenait. La Réunion s'était présentée, et son attirance pour la montagne et la randonnée avaient achevé de la convaincre. Mon père, sportif de haut niveau, n'ayant pas d'attache profession-nelle particulière, nous nous sommes retrouvés tous les trois à près de dix mille kilomètres de l'Hexagone, à Montgaillard, un quartier perché sur une colline à l'entrée Nord de Saint-Denis, le chef-lieu.

En maternelle, tout se passe bien, j'ai des copains, je parle avec les autres. En fait, ce sont surtout eux qui viennent spontanément vers moi. Chez les enfants, les choses se font naturellement. En grandissant, ça devient moins évident.

Mon meilleur ami s'appelle Marius, on est presque voisins et il m'invite souvent à venir jouer dans sa grande maison avec piscine. En automne, nous fêtons Halloween, à cette occa-sion tous les enfants du quartier défilent. Je suis déguisé, comme tout le monde, et maman m'accompagne, parce que je suis petit et que déjà la foule me gêne un peu.

À l'été 2002 se produit le premier grand événement de ma courte existence : je deviens grand frère. Le 10 août, à Sainte-Clothilde, à l'est de Saint Denis, Samih débarque dans ma vie. Je suis un peu dégoûté. Il ne m'a pas fallu longtemps pour réaliser que, plus jamais, je ne serais le seul, l'unique. À l'hôpital, je marque mon mécontentement en faisant pipi dans le couloir. Une infirmière compréhensive me réconforte, et quand un peu plus tard on me colle le bébé sur les genoux pour la photo, j'esquisse un sourire. J'essaye bien, une autre fois, de l'étouffer avec un coussin, mais par chance c'est un échec lamentable. Et lorsqu'un peu plus tard, pendant les vacances chez mamie, je le bouscule dans la piscine alors qu'il ne sait pas nager, il s'en sort sans dommage. Promis, même si déjà à l'époque je n'étais pas un grand philanthrope, je ne l'ai pas fait exprès. Finalement, rien de véritablement anormal, par rapport à d'autres fratries. Juste la petite piqûre de jalousie d'un enfant qui a du mal à admettre que sa maman reste à la maison pour garder le petit frère alors que lui se retrouve tout seul à l'école.

Avec Samih, nous n'avons que trois ans de différence, c'est peu, dans l'absolu. Mais avec un cerveau fait comme le mien, c'est beaucoup trop. Même avec les filles et les garçons de mon âge je me sens vite en décalage. Alors que mon père, qui s'occupe de nous toute la journée, donne encore à manger à Samih sur la chaise haute, j'ai déjà pris l'habitude de m'installer au calme pour lire dans ma chambre. Nos quelques années d'écart et nos différences de centres d'intérêts ne nous empêcheront toutefois pas d'être complices de jeux, partageant les amusements dans le jardin, puis plus tard les balades à vélo et la console de jeux. Une amie de la famille nous a offert notre première Playsation. Je joue surtout à Mario et Sonic, un peu aux jeux de sport. Mais au bout de trente minutes ça me lasse. J'y passe beaucoup moins de temps que sur mes bouquins.

Lorsque nos parents sont au travail, c'est Mme Fontaine, une Réunionnaise, qui nous garde. Elle appelle Samih « le Ti-Kaf blanc », « le petit Noir blanc » en quelque sorte. Je revois ma chambre, en haut à droite, tapissée d'affiches avec des animaux, des insectes, des poissons, des reptiles, des oiseaux, des mammifères marins. Lorsque maman rentre, elle monte, et systématiquement j'ai pris l'habitude de lui réciter les noms de toutes les baleines de l'océan Indien. C'est un rituel incontournable, une obligation. Impossible pour elle d'avoir une vie normale avant d'y avoir consenti. Je montre une baleine et je dis son nom, puis une autre, puis une autre encore, inlassablement, chaque soir, tout au long de l'année. Je les connais par cœur. J'appelle ça « Dire mes affiches ». Lorsque c'est fini, j'en ressens une profonde satisfaction. Les rares fois où le rituel n'est pas respecté, je me fâche et me sens mal.

Je suis inflexible aussi sur le bisou. Celui de maman, le soir, avant d'aller me coucher. En cas d'oubli, j'en conçois une grande tristesse et je peine à trouver le sommeil. La nuit passe, je me sens mieux au réveil mais une pointe de rancœur demeure.

— Pourquoi tu ne m'as pas fait de bisou hier ?

Le simple fait de l'évoquer me replonge dans mes tourments de la veille. Je suis la victime permanente de cette mémoire trop vive, qui me fait revivre avec la même acuité chaque moment de mon existence.

Je suis bien trop petit pour me rendre compte qu'il y a quelque chose qui cloche, et loin d'imaginer que ce sont mes premiers TOC[1] qui se manifestent. Mes parents, eux, se posent des questions. Il y a ces nuits où j'ai du mal à m'endormir, ces câlins que je ne réclame jamais. Je suis un petit garçon qui provoque, qui tient tête. Parfois, je rentre fâché de l'école parce que la professeure s'est trompée. Ça me met en rage. J'aime les choses bien faites et ne supporte ni les imprécisions ni les erreurs. Une intransigeance qui me suivra tout au long de ma scolarité et qui me causera bien des déboires avec le corps enseignant. En sport, ou lorsque je suis avec des copains, il m'arrive d'avoir des réactions étranges, excessives, un peu loufoques. Lorsque papa et maman m'interrogent, je dis que ma tête ne veut pas m'écouter.

Le pédiatre, lui, se veut rassurant. Il ne décèle rien d'anormal et affirme que tout va bien. Épuisés

1. Troubles Obsessionnels Compulsifs.

par mon comportement, ne sachant comment me gérer, mes parents insistent, et c'est à cette époque que je fais la connaissance de mon premier psychiatre. Lui non plus ne veut rien voir. Je suis un gamin tout à fait normal. Pas de psychose, pas de névrose, pas de raison de s'inquiéter. À mon âge, c'est normal d'expérimenter, de se chercher. Il ne perçoit pas la distance qui s'installe entre moi et les autres, et qui ne va cesser de croître des années durant, avec en filigrane une détresse sociale que bien peu de gens, même aujourd'hui, sont capables d'imaginer.

Mamie Catherine, elle, voit bien que je n'ai pas un comportement classique, et elle sait de quoi elle parle. Ancienne institutrice en maternelle, des gamins comme moi, elle n'en a pas vu souvent. Lorsque pour les vacances nous retrouvons la Métropole, elle me prend un rendez-vous à Marseille dans le service du Dr Marcel Rufo. L'équipe du célèbre psychiatre note bien quelques dysfonctionnements, mais pas plus que ça, et personne, à aucun moment, ne prononce le mot « autisme ».

# Casting

L'envie de participer aux *Douze Coups de midi* m'est venue sans préméditation, en regardant un replay. On y annonçait une sélection à Chambéry, à une heure de route de Grenoble où j'habite avec ma famille. J'ai eu l'envie soudaine de me lancer. En suivant l'émission et essayant de jouer, j'avais remarqué que je m'en sortais plutôt bien. J'aime répondre aux questions de culture générale, me mesurer aux autres, marquer des points, franchir des paliers. Ça me stimule, me donne envie de me dépasser, et en même temps j'apprends une multitude de choses dans tous les domaines. J'ai aussi installé des applications de quiz sur mon téléphone et j'y consacre pas mal de temps. Je n'en ai jamais assez de me cultiver et j'ai la chance que cette curiosité puisse s'appuyer sur ma capacité à retenir tout ce que je lis ou regarde. Ma mémoire visuelle est très développée, hors norme.

À Chambéry, où mon père m'avait conduit, j'ai raté la sélection. J'avais pourtant bien répondu au questionnaire écrit, mais n'avais pas été à la hauteur de la prestation orale. J'étais dans une période un peu dépressive, je ne m'étais pas senti à l'aise, et l'image que je renvoyais ne pouvait pas séduire l'équipe de casting. Aussi cultivé soit-on, c'est d'abord la personnalité qui fait la différence lorsqu'il s'agit de passer à la télé. J'étais arrivé déprimé, je suis reparti déprimé. Mais l'envie de jouer était toujours présente, et lorsque, deux mois plus tard, j'ai su qu'une nouvelle sélection aurait lieu dans un hôtel du centre-ville de Grenoble, à deux pas de chez moi, je n'ai pas hésité un instant. L'occasion était trop belle. J'ai convaincu ma mère de m'accompagner, et, comme seuls les candidats étaient admis dans la salle, elle a également participé au casting. Je nous revois, ce samedi matin de novembre 2018, nous hâtant sous une pluie battante parce que nous sommes partis à la bourre. Dans la salle, des gens de tous âges, stylo en main, sont prêts à en découdre. Le questionnaire balaye des thèmes très divers : histoire, sport, cinéma, géographie… Il faut trouver un maximum de réponses en huit minutes. Ensuite, on fait passer les copies, et on corrige tous ensemble. Sans grande surprise, j'obtiens de bons résultats. Ce n'était pas trop compliqué. Si j'ai le ventre noué c'est parce que dans un instant je vais devoir prendre la parole, me présenter, et raconter une ou deux anecdotes originales. J'ai l'avantage, grâce à mon expérience de Chambéry, de ne pas me jeter dans l'inconnu, ce qui ne m'empêche toutefois pas de ressentir une appréhension maximale lorsque mon tour vient. Devant l'équipe de casting et les autres participants, j'explique que j'ai dix-neuf ans, que je suis en licence d'histoire, que j'adore me cultiver, que mon occupation favorite est la lecture. Je fais de mon mieux sans trop me faire d'illusions. J'entrecoupe ma présentation de petits rires nerveux, et il faut croire que ça me donne l'air comique, car au premier rang l'un des candidats pouffe de rire.

Après l'épreuve, tout le monde quitte la salle le temps de la délibération. Sur la cinquantaine d'aspirants, il y aura quarante déçus, et j'en ferai sans doute partie. Je préfère me préparer à une probable déception, et je parviens si bien à me convaincre que c'est avec résignation que je lis la liste des sélectionnés. Et pourtant, une bonne surprise m'attend : parmi les dix noms retenus figure le mien. Je suis étonné. Heureux. Sans doute ont-ils aimé ma manière originale de m'exprimer, de me comporter, de me mouvoir, cette différence qui me cause tant de difficultés, et qui, pour la première fois, peut-être, aura été un atout.

Les semaines suivantes sont marquées par l'attente. De temps en temps, j'apprends que tel candidat, sélectionné le même jour que moi, a été appelé pour participer aux enregistrements. En décembre, c'est Victoria, une camarade de lycée que j'avais eu la surprise de retrouver aux sélections, qui est convoquée à Paris. Pour moi, semaines et mois s'écoulent sans qu'on me donne de nouvelles. J'imagine que mon cas interroge et que la production hésite. Que peut-être ils ont changé d'avis. Il faut attendre le printemps pour qu'arrive enfin la bonne nouvelle. Un jour de mars, ma mère reçoit un coup de fil de Sarah, la directrice de casting. Elle l'invite à choisir une date pour ma venue sur le plateau. À mon grand soulagement, je n'ai été ni oublié ni écarté. Je ressens une vraie satisfaction et je suis infiniment reconnaissant à l'équipe de production d'avoir pris cette décision à laquelle je ne croyais plus. Après avoir réussi les sélections, je vais pouvoir montrer que j'ai le niveau nécessaire pour gagner.

En attendant le jour J, je ne change rien à ma vie. Je continue de lire beaucoup, d'apprendre, mais il me semble inutile de me livrer à un entraînement particulier. Je connais mes points forts, l'histoire, la géographie, la littérature, et aussi les sciences, la zoologie (et tout ce qui touche aux animaux), l'art, la musique classique, le sport. Il y a aussi des domaines que je connais un peu moins, comme la botanique, le cinéma, la gastronomie, mais pour lesquels mes quelques connaissances devraient me suffire.

C'est tôt le matin du 26 mars, en gare de Grenoble, que débute la grande aventure. Avec ma mère, nous prenons le TGV pour Paris, et le voyage me semble long et pénible. Trop de monde, pas assez d'espace. À la gare de Lyon, nous prenons le métro jusqu'à la Plaine-Saint-Denis. Je suis à cran. Je n'aime pas cette promiscuité des transports en commun qui ne fait qu'aggraver mon stress. La pression augmente encore un peu lorsque pour la première fois je franchis la porte du célèbre Studio 107. Cinq émissions sont tournées le même jour. Je passerai dans la troisième, celle qui sera diffusée le 29 avril. Ma mère a eu l'autorisation de rester à mes côtés, et sa présence rassurante m'aide à contenir mon anxiété : de manière générale, le moindre changement me désarçonne et la confrontation à l'inconnu me plonge dans des abîmes d'angoisse, alors imaginez un peu mon état ! Lorsque l'habitude s'installera et que j'aurai trouvé quelques repères, je gagnerai en autonomie. L'équipe de production m'accueille et m'explique comment les choses se passeront. Ils me présentent le déroulé des émissions et nous parlons des anecdotes que je pourrai raconter, pour répondre du tac au tac aux questions de l'animateur.

Jean-Luc Reichmann passe nous saluer dans les loges. Je découvre quelqu'un d'extrêmement souriant, qui m'est d'emblée sympathique. L'ambiance générale qui règne ici devrait contribuer à m'apaiser, mais plus le moment du tournage approche, moins je me sens dans mon assiette. Je sais que je serai moins à l'aise que les autres, que j'aurai davantage d'efforts à fournir. J'imagine que certains candidats se sentent chez eux sur un plateau de télévision. Pour moi, c'est tout le contraire. On l'a bien sûr expliqué à Jean-Luc. Il est conscient des obstacles qu'il me faudra surmonter à cause de ma différence, il sait que la relation aux autres est loin d'être innée chez moi. J'ai voulu participer à ce jeu, à moi maintenant de mettre toutes les chances de mon côté. J'en ai sans doute les moyens, mais, tel un sportif, je vais devoir travailler mes points faibles. J'ai à cœur de réussir, j'ai envie de me dépasser, pourtant à ce stade rien ne me dit que j'en aurai la force.

# Le porc-épic sur la montagne

J'ai cinq ans lorsque nous quittons la Réunion. Nous y avons passé quatre belles années. Puis maman, qui est fonctionnaire à l'Équipement, a obtenu sa mutation pour Chartres. Nous nous installons quelque temps dans un appartement en ville, avant de trouver une maison à quelques kilomètres de là, à Luisant. À l'école du Grand-Jardin à Chartres, je fais mon CP avec M. Planchon, qui a tôt fait de remarquer l'originalité de ma petite personne.

— Avec lui, vous ne devez pas vous ennuyer, déclare-t-il à mes parents.

La venue au monde de ma petite sœur, en juillet 2006, est un événement que j'accueille avec joie. Quatre ans ont passé depuis la naissance de Samih, j'ai grandi et je suis plus à même d'accueillir une nouvelle venue dans la famille. Après avoir eu un frère, je salue avec satisfaction l'arrivée d'une petite fille. Lorsqu'on me met Louise dans les bras, je craque pour ce tout petit bébé.

Je fais ma rentrée en CE1 à l'école Saint-Exupéry de Luisant. Mme Leconte, la maîtresse, qui est aussi la directrice, a bien compris que je suis différent. Elle sait me prendre, et ça se passe bien. C'est deux ans plus tard, en CM1, que les choses se gâtent. Sa collègue, Mme Carnis, a bien du mal avec moi et perd souvent patience. Je suis régulièrement puni, mis à la porte, privé de sport ou de récré. Il faut dire que plutôt que d'être concentré sur le cours, l'élève Paul El Kharrat a tendance à « faire le foufou » comme j'ai pris l'habitude de le dire.

Pendant toutes ces années de primaire, je pratique de nombreuses activités : du foot, du tennis, du judo. J'abandonne vite le foot. Sur le terrain, rien à faire, je ne suis pas dans le jeu. J'ai tendance à rêver, à regarder passer le ballon. Les copains apprécient moyen, et mon père que ça rend fou me sort de là. Le judo me plaît davantage, et je le pratique jusqu'à la fin du collège. Je fais des compétitions que je ne gagne pas, mais au moins, je participe. C'est au tennis que je tiens le mieux la cadence. D'ailleurs, je n'ai jamais arrêté, et aujourd'hui encore je joue avec des camarades de l'université.

Peu à peu, je développe de nouveaux centres d'intérêt. Comme tous les enfants de mon âge, je succombe à la folie des Pokémon. Je suis en CE2, et depuis quelque temps dans la cour de récréation j'observe tous mes camarades qui s'échangent les fameuses cartes. Victoria, qui est dans ma classe, me donne la première, une « Énergie-Eau », puis c'est Anthony, mon ami, qui quelques semaines plus tard me donne « Barpau », une carte qu'il a trouvée dans la cour. À Noël, mamie m'offre mes premiers paquets. Dans l'un d'entre eux, je découvre « Poussifeu ». Ça devient vite une passion. J'attends avec impatience que sonne la récré pour aller troquer et obtenir de nouvelles cartes, constituer des familles. « Tu me donnes ces deux cartes-là, et moi, je te donne celle-là. » C'est une source de motivation pour aller au-devant des autres. Peu à peu ma passion se meut en obsession. J'accompagne maman au tabac-presse à côté de l'école pour acheter de nouvelles pochettes, et aussi des Kraks sur le thème des Pokémon. Ce sont de petits objets circulaires qu'il faut envoyer le plus loin possible à l'aide d'un lanceur. Depuis lors, je n'ai jamais vraiment cessé de collectionner les Pokémon. Lorsque mes camarades se sont arrêtés, les uns après les autres, je suis allé les voir pour en récupérer. J'en ai toujours un énorme paquet, et parfois il me prend l'envie de rechercher les quelques cartes qui me manquent afin de compléter ma collection. Certes, la plupart des enfants de ma génération ont traversé une période « Pokémon », mais l'intensité et la persévérance de mon engouement étaient bien supérieures. Les intérêts spécifiques de ce genre font partie du fonctionnement des personnes avec autisme. J'ai d'ailleurs une âme de collectionneur. J'ai dans ma chambre une grande boîte en fer dans laquelle j'amasse depuis des années des jeux de cartes de toutes sortes, sur les philosophes grecs, les phares, les jeux vidéo, les écrivains, les résistants, les rois de France, les animaux (achetés au zoo de Beauval), les M&M'S (que mon frère m'a rapportés d'Angleterre), des jeux classiques assez anciens, et puis aussi des jeux de sept familles, avec les familles corses, les familles réunionnaises… Je raffole des cartes. Dans une autre grande boîte se trouve une collection de timbres assez importante, et il y a quelque temps j'ai donné ma collection de fèves à ma petite sœur.

C'est à l'époque des Pokémon que débute ma fascination pour les dinosaures. Là non plus, je n'y vais pas avec le dos de la cuillère. J'ai décidé de tous les connaître, et comme il en existe des centaines d'espèces, la tâche est immense. Quand je suis mordu, rien ne me fait peur, je fonce ! Les dinosaures et les animaux préhistoriques m'ont toujours impressionné, avec leur taille démesurée, leurs noms improbables, et aussi parce que l'image que l'on a d'eux n'existe qu'à travers les descriptions des savants et des paléontologues. Je me plais à imaginer ce qu'ils seraient devenus s'ils n'avaient pas disparu il y a soixante-sept millions d'années. Comment auraient-ils évolué s'ils avaient vécu avec l'homme ? Ils sont au croisement des deux passions qui m'animent depuis toujours : les animaux et l'Histoire avec un H majuscule, celle qui embrasse tous les sujets du monde. Je consacre des heures à collecter des infos sur les dinosaures, j'apprends énormément et, comme je mémorise tout, j'engrange un savoir considérable, sans commune mesure avec celui des enfants de mon âge. Une visite au Muséum national d'Histoire naturelle de Paris me permet de faire profiter toute la famille de mes connaissances. Dans la grande galerie de paléontologie, au milieu des squelettes gigantesques, je m'improvise guide, et tout le monde est bluffé par mes connaissances. Pas besoin de regarder les noms ni les descriptions. J'identifie Diplodocus, Carnotaurus et autres Triceratops du premier coup d'œil et raconte leur vie, le milieu dans lequel ils vivent, ce qu'ils mangent, avec force détails. Lorsqu'une amie de la famille m'offre un très beau livre intitulé *1 000 Dinosaures*, je les passe tous en revue et les compte un à un. Mais quelle n'est pas ma déception : ils ne sont que 776 ! Mon esprit rigoureux en est très chagriné, et pendant quelques jours je rumine ma déconvenue.

Il faut dire que je passe ma vie dans les livres, et que, page après page, chaque nouvelle information vient se graver dans mon cerveau. En primaire, je suis abonné à l'École des Loisirs. Chaque mois, je reçois un livre des séries *Imax*, *Animax*, *Maximax*… et je m'efforce de tout retenir. Je les ai tous gardés, avec leurs étiquettes au dos : « Cornebidouille – Paul – CP. » Lorsque j'ai de bonnes notes, mes parents m'achètent une encyclopédie. Je suis fier de ma récompense et la dévore de *a* à *z*. Bien plus tard, à quatorze ans, mes grands-parents m'offriront un dictionnaire, j'y plongerai tête la première. Tel un explorateur, je partirai à la découverte des parties « Noms communs » et « Noms propres », affichant une préférence marquée pour cette dernière. J'aime apprendre les gens. Dans un dictionnaire, on ne raconte pas grand-chose sur chacun, mais toutes ces petites informations, mises bout à bout, se relient et tissent la toile d'une culture gigantesque. Grâce à mon dictionnaire, j'ai appris énormément. Si on évoque une époque, je vois les personnages qu'on y croisait, les lieux tels qu'ils les fréquentaient, la manière dont ils s'habillaient, j'imagine l'atmosphère.

Pendant mes années de primaire, chaque vendredi soir après la classe, avec maman nous prenons la voiture pour nous rendre à Nogent-le-Roi. J'ai rendez-vous avec le Dr Desmichelle. Ce n'est pas un psy, mais un médecin généraliste. Les séances avec lui me font du bien. À l'aller, le trajet est souvent assez pénible, je suis angoissé, agité. Je m'énerve pour des broutilles, et c'est maman qui en fait les frais. Dans la salle d'attente, je prends l'habitude d'écrire des histoires, toujours sur fond historique, la mythologie grecque, le génocide arménien… C'est sûrement peu habituel chez un petit garçon de sept ou huit ans. Et puis surtout, il y a cette histoire de porc-épic.

Je l'ai dessiné en haut d'une montagne. Il est le gardien d'un troupeau de dinosaures. Avec le médecin, nous en parlons souvent. Je lui raconte le porc-épic, tout là-haut, et les dinosaures, en bas. Les deux espèces n'ont jamais pu se rencontrer, mais peu importe, c'est comme ça, bien ancré dans ma tête. C'est dire l'esprit dérangé du petit bonhomme.

Le Dr Desmichelle m'aide à traduire mes états d'âme en image, à illustrer ma solitude. Il me fait parler de l'école, me demande comment ça se passe avec ma famille. Et toujours, il y a l'ombre du porc-épic qui rôde. À chaque fois il prend des notes qu'il compile dans un dossier. Je n'ose imaginer combien d'histoires et de dessins de porc-épic il peut y avoir dans cette chemise cartonnée. Un truc de malade !

# Coup par coup

Debout, applaudissant à tout rompre, le public des *Douze Coups de midi* fait un triomphe à l'invité du jour. Journée de la danse oblige, c'est Chris Marques qui vient de faire son entrée sur le plateau. Après le « Coup d'envoi » qui a vu l'élimination de Séverine, Mélissa, Jonathan et moi allons nous affronter dans l'épreuve du « Coup par coup ». La première question est en rapport avec le danseur chorégraphe.

— Quelle star a remporté le trophée de *Danse avec les stars* ?

Une liste de sept noms s'affiche. Parmi eux se cache un intrus, quelqu'un qui n'a jamais gagné l'émission. Chacun notre tour nous devons choisir un nom, et celui qui par erreur désignera l'intrus passera au rouge. Mélissa commence et propose Shy'm. Jérémie opte pour Rayane Bensetti. Chris Marques, qui corrige l'épreuve, leur donne raison. Mon choix se porte sur Laurent Maistret, et je ne peux m'empêcher d'ajouter « en 2017 ». Chris Marques valide. Il reste quatre noms. Mélissa sélectionne Clément Rémiens. Bien joué ! Jérémie, sûr de lui, annonce « Alizée », et Chris Marques le félicite. Il ne reste plus que deux noms à l'écran, ceux d'Emmanuel Moire et de Nathalie Péchalat. J'ai une chance sur deux de me tromper, mais je ne suis pas inquiet.

— C'est Emmanuel Moire qui a gagné, contre Amel Bent je pense.

Je sais que c'est la bonne réponse. C'est un coup pour rien, tout le monde s'en est bien sorti, il n'y aura ni gagnant ni perdant. Chris Marques applaudit, tandis que ses danseurs investissent le plateau pour donner un extrait de leur spectacle. Il y a quelque temps, le chorégraphe a repris contact avec moi. Il participait à *Questions pour un champion* et m'a demandé si je voulais bien être son joker. Mais lorsqu'il m'a appelé, la question qu'il a voulu me poser était tellement longue que le temps était écoulé avant que je puisse répondre !

Musique à fond, lumière forte, mouvements dans tous les sens, les danseurs font le show. C'est un peu trop pour moi, mais j'essaye de ne pas me laisser perturber.

— Question suivante, quelle actrice a été révélée par une série télévisée ?

Parmi les sept noms, Mélissa choisit Ellen Pompeo. Jean-Luc confirme. Jérémie propose Alexandra Lamy. Excellent. Je retiens Neve Campbell. « Bravo ! » s'exclame Jean-Luc. Nouveau tour de table, et chacun enchaîne les bonnes réponses. À ce rythme mon tour revient vite et, comme tout à l'heure, je me retrouve avec les deux derniers noms, parmi lesquels se dissimule forcément l'intrus. De Cameron Diaz et d'Hélène de Fougerolles, laquelle a débuté sa carrière dans une série télévisée ? Sans perdre de temps, j'annonce ma réponse.

— Cameron Diaz.

Jean-Luc me regarde. Son sourire se transforme en un vilain rictus.

— Eh… Non !

Zette explique que Cameron Diaz, après avoir été mannequin, a commencé sa carrière au cinéma dans *The Mask*, alors qu'Hélène de Fougerolles a débuté à la télé dans *Le Collège des cœurs brisés*. Comment ai-je pu faire cette erreur ? Je passe à l'orange, et suis sérieusement déstabilisé.

Heureusement le thème suivant semble choisi pour moi, et peu au goût de mes adversaires.

— Qui a joué un rôle durant la Première Guerre mondiale ?

Encore sept noms, dont un intrus. J'ouvre la manche et choisis Pétain. Jean-Luc Reichmann acquiesce. Mélissa choisit François-Ferdinand. Jean-Luc voit que je connais bien le sujet et me propose de commenter. J'explique que c'est l'assassinat de François-Ferdinand qui a, en quelque sorte, provoqué la Première Guerre mondiale. Je me sens comme un poisson dans l'eau avec cette question. Lorsque Jérémy choisit, un peu au hasard, Louis Franchet d'Espérey, Jean-Luc remarque mon sourire.

— Paul à l'air d'accord, non ?

Les yeux rivés sur mon pupitre, je lui explique pourquoi j'affiche ma satisfaction.

— Non, c'est parce que je les ai tous…

Mi-affolé, mi-amusé, Jean-Luc, qui craint un instant que je donne toutes les réponses, lève les deux mains pour me faire taire.

— Alors attendez, silence, silence, silence ! Paul, atta-ta-ta-ta… Attendez, attendez, attendez ! Qui choisissez-vous maintenant, Paul ?

— Euh… Paul von Hindenburg, un maréchal allemand.

Jean-Luc semble rassuré, j'ai juste donné ma réponse, et le jeu peut suivre son cours. Si la production avait voulu me faire un cadeau, elle n'aurait pu mieux faire. Je connais un à un chacun de ces personnages historiques et je sais déjà lequel n'a rien à voir avec la Première Guerre mondiale. Ce n'est pas le cas de Jérémy, qui, entre les deux noms restants, Pierre Brossolette et Woodrow Wilson, choisit Brossolette. Jean-Luc Reichmann se tourne vers moi.

— Paul fait la grimace…

— C'est un résistant de la Seconde Guerre mondiale.

— Et le nom restant, Woodrow Wilson ?

— C'est le président américain pendant la Première Guerre mondiale.

— Tiens, prends ça, Jérémy ! plaisante Jean-Luc. Super, Paul. Vraiment, bravo !

Jérémy passe à l'orange, et Jean-Luc m'interroge :

— Au quotidien, le syndrome Asperger, ça

veut dire quoi, Paul ? Il y a des efforts supplémentaires que l'on doit faire ?

J'apprécie qu'il me donne l'opportunité de pouvoir en parler un peu. Il y a tant à faire pour que les gens comprennent qui nous sommes. Même les médecins parfois semblent démunis face à nous. J'ai la possibilité de m'exprimer dans une émission grand public, sur TF1, et je compte bien saisir une telle occasion. J'explique que notre quotidien est épuisant, que nous devons nous adapter sans cesse en société, que nous ne maîtrisons pas les codes sociaux, que certaines choses qui vous paraissent innées à vous, les neurotypiques, sont compliquées pour nous, les personnes avec autisme. Et qu'à cause de tout cela nous sommes souvent confrontés à des soucis de compréhension.

Jean-Luc est attentif et je sens que ça lui fait plaisir de me donner cette opportunité de m'expliquer. Il conclut en souriant :

— En tout cas, ne vous inquiétez pas. On n'est pas du tout à la télé. Et ça se passe super bien.

Il a raison. Il faut faire comme si je n'étais pas à la télé. Ne pas me laisser impressionner par tout cet environnement. Pour l'instant, c'est vrai que ça ne se passe pas trop mal même si les changements de couleur incessants des lumières et les mouvements des projecteurs commencent à fatiguer ma rétine. La question suivante n'a plus grand-chose à voir avec l'Histoire. Dans la liste qui nous est présentée, nous devons trouver « Qui, ou qu'est-ce qui, porte un nom qui la qualifie de grande ? » Jérémy dans la liste choisit « le Tour de France ». Il a raison, c'est la Grande Boucle. Je choisis « l'armée de Napoléon », la seule proposition qui se rapporte à l'Histoire, et j'explique qu'on l'appelle la Grande Armée. Zette approuve. Tout le monde enchaîne sans difficulté. Lorsque revient mon tour, je suis en panique. J'ai lâché prise un instant et perdu toute concentration. Je me suis laissé distraire par cet environnement en constant mouvement. Dans la liste de mots restants, je connais toutes les bonnes réponses. La Grande Motte, *La Grande Vadrouille*, je les ai toutes. Alors pourquoi est-ce *La Josette*, d'Anne Sylvestre, que je choisis ? Jean-Luc fronce le nez, je comprends mon erreur. Zette confirme, c'est l'inverse, la chanson d'Anne Sylvestre s'appelle *La Petite Josette*.

À cause de cette bêtise inexplicable je passe de l'orange au rouge, et ma sortie des *Douze Coups de midi* se rapproche dangereusement. Je suis figé. Un bâton congelé dans cette ambiance surchauffée. Je n'ai pas tenu trente minutes, je m'en veux énormément. Je me connais trop bien pour être vraiment surpris : lorsque je suis stressé, j'ai tendance à dire n'importe quoi. Si l'adversaire que je dois choisir opte pour la bonne réponse à la question que Jean-Luc lui posera, ç'en sera définitivement fini de ma participation aux *Douze Coups de midi*.

# Le cartable à roulettes

C'est à Fort-de-France, à la Martinique, où le nouveau poste de maman nous a amenés, que j'ai passé la plus longue partie de ma vie, du CM1 que je fréquente lorsque nous quittons Chartres, à la première, année au cours de laquelle nous rentrerons en Métropole. Pas étonnant donc que je m'y sente chez moi, un peu comme si mes racines se trouvaient ici.

L'arrivée sur l'île me contraint à sortir de mes habitudes, à me créer de nouveaux repères et à mettre en place de nouvelles routines. C'est très déstabilisant. Pourtant je suis content de déménager, car je sais que je m'apprête à découvrir un nouvel endroit, à apprendre de nouvelles choses. À l'école Eugène-Revert, je suis plutôt bon élève, impliqué dans les cours. J'aime étudier. Mais je suis toujours un grand bavard qui a du mal à écouter et perturbe la classe. J'ai remarqué que faire le pitre est une manière assez simple de créer des relations avec mes camarades, et ça permet de rompre un peu avec la morosité de l'univers scolaire. Maman a expliqué aux enseignants que je ne peux pas être attentif en permanence, que j'ai besoin de moments de pause, qu'il faut m'aider à me canaliser sans trop me contraindre. Globalement, ils se montrent compréhensifs. J'ai de bons souvenirs de ces moments en classe avec M. Cartini, puis Mme Rotardier, avec laquelle, en CM2, j'apprends le créole. Ses sonorités inhabituelles me font rire, et ma prof, qui pense à tort que je me moque de cette langue qui lui est chère, s'en plaint à maman. Telles ne sont pas mes intentions, bien au contraire. Cette nouvelle matière inattendue me plaît, même si les autres enfants, dont la plupart sont nés ici, ont une bonne longueur d'avance sur moi. À l'occasion de mon passage sur TF1, j'aurai la surprise de recevoir un message de Mme Rotardier, qui a reconnu le petit Paul qu'elle avait dix ans plus tôt dans sa classe. Une maîtresse sympa.

À la rentrée 2010, je franchis pour la première fois les portes du collège Tartenson de Fort-de-France, pas très loin de la maison. C'est l'époque où ma relation avec les enfants de mon âge devient moins évidente. Le premier jour est assez éprouvant, et débute par un exercice pour le moins angoissant : l'appel. Je me fais une montagne de ce moment où je vais devoir m'extraire du groupe et m'avancer seul à l'annonce de mon nom. Je déteste sentir le regard des autres posé sur moi. Lorsque, à la lettre *e*, mon tour arrive, je me lève, tétanisé, et file au plus vite rejoindre ceux qui m'ont devancé dans l'ordre alphabétique, pressé de me fondre à nouveau dans le nombre. Je reconnais après coup qu'une telle appréhension n'était pas justifiée. Ce n'était finalement pas si terrible, comme une petite piqûre, redoutée mais sitôt oubliée.

Pour faire mon entrée dans ma nouvelle école je choisis un cartable à roulettes flambant neuf. Il m'a semblé bien pratique, lorsque je l'ai repéré dans le magasin. Je ne pouvais pas savoir qu'au collège, la grande mode, c'est le sac à dos, et qu'à Tartenson, posséder un cartable à roulettes, c'est la honte. On te shoote dedans, on se moque de toi, on te pousse à bout jusqu'à ce que tu rentres dans le rang. Je tente bien de résister un peu, mais c'est peine perdue. Au bout de quelques jours, de guerre lasse, je cède à la mode et passe au sac à dos, finalement plus pratique. Malgré ces débuts un peu tourmentés, je ne peux pas dire que je sois harcelé au collège. C'était juste un petit bizutage sans conséquence. Je ne suis victime ni de violence verbale ni de violence physique. Je reste dans mon coin, et je vis ma vie. Les récrés sont d'autant moins un supplice que je n'y vais pas. J'ai trouvé refuge dans un endroit apaisant et rassurant, où je peux m'abandonner sans retenue à ma passion de la lecture. Ce lieu, c'est le CDI[1], où Mme Crestor, la documentaliste, règne avec bienveillance sur livres, revues et ordinateurs. Dès que j'ai du temps à tuer, entre les cours, après la cantine, je m'y précipite, en priant pour que ce soit ouvert. Ma joie est à son comble quand le CDI est vide. Je

---

1. Centre de Documentation et d'Information.

bouquine, parcours des magazines et discute avec la responsable. J'apprécie ces échanges avec une adulte, sur des sujets qui m'intéressent. Lorsque j'essaye d'embarquer mes camarades de classe dans une conversation sur l'histoire ou n'importe quel domaine de culture générale, ils ne savent jamais quoi répondre et l'échange tourne court. Tout comme leurs bavardages sur les soirées entre amis, les devoirs, ou les dernières vacances ne trouvent qu'un faible intérêt à mes oreilles. Je fais pourtant des efforts pour participer et me montrer attentif. Je le fais pour eux autant que pour moi, histoire de m'intégrer, mais je ne suis pas brillant dans cet exercice, et c'est fatigant. J'ai toujours la plus grande difficulté à me mettre à la place des autres, à être réceptif à ce qu'ils apprécient, et je sais que ça se voit. Personne ne peut imaginer l'énergie que requiert une conversation sur un sujet qui m'indiffère, pour être suffisamment concentré, pour écouter et parler, ne perdre aucun indice d'aucune phrase, donner vie à la discussion. Surtout, ne pas laisser penser à l'autre que je m'en fous, lui porter l'intérêt que j'aimerais qu'il m'accorde, et faire en sorte qu'un jour, peut-être, cela devienne naturel. C'est un peu la même chose lorsque ma mère me demande ce que j'ai mangé à la cantine, ou comment se sont passés mes partiels. J'ai appris à répondre, mais il m'en coûte énormément.

En classe, je me montre très curieux. Je pose des questions, j'ai souvent envie d'approfondir le thème du cours. Je prends la parole, parfois de manière intempestive, pour apporter un petit détail supplémentaire, une information que le prof a omise ou qu'il ignore. Ce n'est pas toujours apprécié, surtout lorsque j'interviens pour corriger une erreur, comme je le ferai quelques années plus tard, avec cette professeure qui se trompe sur l'année de naissance de Sophocle, et qui refuse de le reconnaître. Je n'en démords pas, Sophocle est né en -495 ! Sur les dates, pas la peine d'essayer de me la faire, c'est perdu d'avance ! Les autres élèves, que ça amuse, en rajoutent et décrètent que c'est à moi qu'ils font confiance. Maman doit m'expliquer que ce sont des choses qui ne se font pas. On ne peut pas faire perdre la face à un professeur devant le reste de la classe. Il faut apprendre à se retenir, attendre la fin du cours, et aller le voir lorsque les autres ne sont plus là. J'avoue que la raison m'en échappe. Pour les personnes avec autisme, ces codes sociaux sont impossibles à décrypter. Sophocle est né en -495, c'est une vérité incontestable, et il est inutile de tergiverser. En corrigeant le professeur, j'ai la certitude d'avoir rendu justice au grand dramaturge grec, et il n'y a rien de condamnable à cela.

Au CDI, je découvre le Défi-lecture. On nous donne une liste de livres, et un questionnaire auquel il faut répondre. Les meilleurs de l'établissement, en sixième et en troisième, vont au Défi-lecture régional. Je trouve ce concours très motivant, et il correspond parfaitement à mon esprit de compétition. Je remporte des bons d'achat à la Librairie Antillaise, la plus grande de l'île. C'est un endroit magique dans lequel je me sens bien. Je vais aussi régulièrement à la Cas'a Bulles, bien plus petite, dans le centre de Fort-de-France. C'est d'ailleurs là que je demande à effectuer mon stage de troisième. Je sais que c'est un univers qui me convient et je m'y rends avec enthousiasme. Le moment venu, je découvre qu'une camarade de classe, Jennifer, a eu la même idée que moi. Nous allons passer la semaine ensemble, et le solitaire que je suis en est assez contrarié. J'aurais préféré être seul, comme chaque fois que j'ai une tâche à réaliser. J'ai besoin de mener les choses comme je l'entends, à mon rythme, méthodiquement. Chaque jour, je prends beaucoup de plaisir à accomplir les missions que l'on me confie, à réceptionner les colis de BD, à ranger les commandes dans l'arrière-boutique ou mettre les nouveautés en rayon. Je m'applique à bien classer chaque livre en respectant l'ordre alphabétique. À la fin du stage, pour me récompenser on m'offre un ouvrage sur les personnages du manga *One Piece*. Je l'avais repéré dans une commande et par chance le client n'était pas venu le chercher. J'ai toujours en mémoire le parfum si agréable de l'arrière-boutique, ce mélange d'encre et de papier, qui vous donne l'impression de vous trouver plongé au cœur des livres. Depuis cela, j'ai pris l'habitude de respirer l'odeur de chacun de mes nouveaux bouquins. Je n'ai gardé que de bons souvenirs de cette semaine à la Cas'a Bulles, ce qui dans mon cas est tout à fait exceptionnel.

Au collège Tartenson où ma personnalité continue d'interroger, j'ai régulièrement des rendez-vous médico-scolaires. J'y fais la connaissance du Dr Dubrun-Cabié. Avec elle, je me livre facilement. Je lui explique à quel point je me sens différent et lui raconte le mal-être que j'éprouve avec les autres. Devant l'évidence de ma souffrance, elle m'oriente vers un centre médico-psychologique. Une fois par semaine, je consulte le Dr Catherine Guillard, une psychiatre du CMP[1] Hibiscus de Fort-de-France. Comme mes psys précédents, elle tente d'établir un diagnostic, et comme eux elle tâtonne. À vrai dire, on n'a aucune idée de ce que j'ai. Pour la première fois de ma vie je participe à un atelier d'habileté sociale. J'y rencontre des jeunes en difficulté scolaire. L'objectif, c'est d'apprendre à travailler avec les autres et à se faire des copains. On nous donne des astuces pour mieux vivre au quotidien. L'idée est bonne, mais je peine à trouver ma place dans ce groupe. Les problèmes de ces adolescents n'ont aucun rapport avec mon handicap et nous ne développons guère d'affinités. Après deux années d'incompréhension jalonnées de nombreuses disputes, je quitte l'atelier. C'est un nouvel échec.

En classe, je ne peux toujours pas me retenir de faire le pitre et de dire des bêtises. C'est la

1. Centre Médico-Psychologique.

façon que j'ai trouvée de me faire des relations, mais en même temps, mon incapacité à savoir me tenir m'insupporte. Comme d'habitude, je passe pour un enfant mal élevé, et on me sort régulièrement de cours.

Je suis ma première victime au quotidien. Mon humeur peut changer subitement. Tour à tour et sans aucune transition, je suis celui qui veut faire rire les autres, celui qui reste dans son coin, celui qui se révolte et peut faire preuve de violence verbale. Docteur Jekyll et Mister Hyde. Tout cela me pèse, et je traverse des moments très sombres.

Heureusement, le sport m'aide un peu. C'est sans doute une partie de mon héritage paternel. Papa est un sportif de haut niveau. Il a été champion du Maroc de 3 000 mètres steeple en 1989 et est venu en France pour pouvoir vivre de sa passion. En 2006 et 2007, il a été champion de France de cross-country, et ça a été une fierté pour moi comme pour toute la famille. Le climat de la Martinique étant assez rude pour les sportifs, il a un peu levé le pied et a exercé différents boulots. Doué en cuisine, il a commencé par la restauration, puis s'est lancé comme autoentrepreneur dans le bâtiment, car c'est également un excellent bricoleur. Je cours parfois avec lui et je suis inscrit à la section d'athlétisme de l'ASC Police de Martinique. Je fais du cross, des courses de distance. Je m'en sors plutôt bien et ne passe pas loin des Carifta Games, où s'opposent chaque année des jeunes compétiteurs des différentes îles des Caraïbes, de la Jamaïque aux îles Caïmans, en passant par les Bahamas ou la Barbade. J'aime bien courir, me surpasser. Quand je décide que je peux y arriver, je suis capable d'aller au bout de mes forces. Toujours ce fameux esprit de compétition. Quelques années plus tard, je participe à un trail de quatorze kilomètres avec mon père. Alors qu'à mi-parcours il jette l'éponge malgré son entraînement, vindicatif, je ne lâche rien. Dans ce genre de situation, je focalise sur des choses dures de la vie, et j'y puise l'envie de me battre. C'est mon cerveau le moteur, même si mon corps ne suit plus. Ce jour-là, je cours quatorze kilomètres en plein cagnard. Au bout de ma vie, je franchis la ligne d'arrivée où je m'écroule. Je mets une semaine à m'en remettre. Parfois, je fais de la plongée en apnée dans les eaux limpides de la Martinique avec Emmanuel, un ami de la famille et d'autres enfants. Nous allons voir les poissons, les tortues, et ça me fascine. Lorsque nous sommes pris dans des courants sous-marins très forts, je suis le seul à résister. J'ai un mental d'acier.

À la fin de ma troisième, je passe le brevet dans des conditions adaptées. Je suis dans une salle à part avec d'autres élèves en proie à des difficultés de concentration, des problèmes psychiques ou des handicaps physiques. Nous bénéficions de ce qu'on appelle le « tiers-temps ». Sur une épreuve de deux heures, on nous laisse quarante minutes supplémentaires. J'obtiens mon premier diplôme haut la main et en septembre je fais ma rentrée au lycée Bellevue.

# L'heure du duel

La musique d'Ennio Morricone, et son sifflement si reconnaissable, résonnent sur le plateau des *Douze Coups de midi* et dans ma tête. Je suis en colère contre moi. Au bout de seulement vingt-neuf minutes de jeu, à cause d'une réponse irréfléchie, je suis sur le point d'être sorti de l'émission. Je suis passé au rouge, et qui dit rouge dit…

— Duel !

Les hurlements du public me vrillent la tête, et pour ne pas me laisser perturber je regarde fixement mon pupitre. Je dois choisir mon adversaire, celui qui décidera de mon avenir selon sa réponse à la prochaine question. Choisir encore… Pour une personne avec autisme, c'est quelque chose d'infiniment compliqué. Parce qu'il faut soupeser chacune des options, passer en revue tous les critères. Mon quotidien est un dilemme permanent, qu'il s'agisse de choisir un vêtement, un livre, une activité. Acheter une simple paire de baskets peut m'entraîner dans une profonde réflexion. Je veux peser le pour et le contre, valider son aspect, son utilité, son aérodynamique, ce que cette chaussure va m'apporter de plus qu'une autre, être sûr de faire le bon choix, et surtout ne pas avoir à le regretter. De quoi créer bien de l'impatience dans mon entourage. Je peux mettre des heures à choisir, et puis me décider sur un coup de tête, parce qu'on m'a pressé et que ça a complètement faussé mon jugement.

Pour le moment, il s'agit de procéder de manière logique, car je sais que je n'ai que quelques secondes pour désigner le candidat contre lequel je serai en duel. Jérémie est le seul à avoir fait une erreur dans cette partie, il me semble donc rationnel de le désigner.

— Vous avez vu ce souci de justice ? remarque Jean-Luc Reichmann, qui a bien compris comment je fonctionne.

Mélissa laisse échapper un petit rire de soulagement, et Jérémie, beau joueur, se contente de hocher de la tête. Il doit répondre à une question sur les quatre tournois qui composent le Grand Chelem de tennis. La question n'est pas évidente :

— Quel tournoi du Grand Chelem sur terre battue Jimmy Connors a-t-il ajouté à son palmarès en 1976 ?

Jérémie est seul maître du reste de la partie. Il doit déceler la bonne réponse parmi quatre propositions. S'il y parvient, j'irai rejoindre ma mère et son amie dans le public. Je le regarde, impuissant, mon avenir suspendu au choix qu'il va faire. Lui garde le sourire et, hésitant, d'un ton légèrement interrogatif propose sa réponse.

— Le tournoi d'Australie ?

60

Jean-Luc laisse un instant planer le suspense puis dévoile la bonne réponse. C'était l'US Open.

— Paul est sauvé. Je suis très, très heureux, Paul.

Sonné par le stress, je reste impassible. Moi aussi, je suis heureux, mais je ne parviens pas à le montrer. Jérémie renverse la tête en arrière, c'est terminé pour lui. Malgré sa défaite, il garde le sourire. Il dit merci lorsqu'on lui offre une enceinte Bluetooth en forme de dinosaure rose, puis va rejoindre le public. Son compteur dégringole à zéro, tandis que le mien fait un bond, de 10 à 20 000 euros. Je suis prêt à disputer le « Coup fatal » contre l'actuelle Maîtresse de midi, Mélissa, en lice pour sa quatrième participation. Jean-Luc me rappelle que c'est la concentration qui compte, et donne le Top Chrono. Sur chacun de nos compteurs, un crédit d'une minute. Il s'agit de répondre à une rafale de questions de culture générale. À chaque bonne réponse, la main passe à l'adversaire. En cas de mauvaise réponse, on nous pose une autre question, et les minutes continuent de s'égrener. Le perdant est celui qui, le premier, n'a plus de secondes à son compteur. Les mains posées sur le pupitre, les épaules rentrées, le regard baissé, je me mets en condition. Mélissa ne trouve pas le nom de Jacques Chancel quand on lui cite le Grand Échiquier, mais connaît le *Truc en plumes* de Zizi Jeanmaire. Je sais qu'Uma Turman joue la mariée vengeresse dans *Kill Bill 1* et *2*. Mélissa sait que la Comtesse de Ségur est l'autrice des

*Mémoires d'un âne*, et je reconnais une citation de Ronsard.

Je réponds rapidement et j'ai une légère avance sur mon adversaire. Il faut absolument éviter de perdre du temps, mes réponses doivent fuser. Je garde les yeux sur le pupitre.

Mélissa ignore que le Rubygate est un scandale italien et que Pollux est le fils de Zeus. Elle perd du temps, mais connaît l'art dans lequel s'est illustré Rodin : la sculpture. Je confonds dédicacer et parapher. Le compte à rebours poursuit sa descente infernale. Ne pas perdre les pédales. Ne pas me laisser distraire par un mouvement, par un bruit dans le public. Je n'ai aucun mal à dire que l'opposé de la marée haute est la marée basse ! La question m'arrache un sourire.

Jean-Luc fait remarquer qu'il y a déjà un écart important entre nos deux chronomètres. Il a raison, j'ai maintenant plus de quinze secondes d'avance sur Mélissa, et c'est énorme. Avant de lancer la pub, il pose tout haut la question que candidats, public et téléspectateurs ont en tête : « *Est-ce que Paul va détrôner Mélissa ?* »

Lorsque nous revenons à l'image, Jean-Luc me félicite d'être venu sur le plateau. Je me rends compte qu'il mesure l'effort que cela représente pour moi. Il salue de nouveau ma mère, rappelle que j'ai le syndrome d'Asperger, et que c'est ma petite différence. Nous revenons dans le jeu, et Mélissa perd encore un peu de temps en ne retrouvant pas le nom de Buzz l'Éclair dans *Toy Story*. Puis elle bute sur les élections cantonales.

Sa réserve de temps fond comme neige au soleil, tout comme sa concentration. Il ne lui reste que trois secondes, tout juste le temps de déclarer que le RSA a remplacé le RMI. Une nouvelle bonne réponse, et un chronomètre bloqué à une demi-seconde. Il m'en reste quarante. Je retrouve de l'assurance, mais ne réussis pas à attribuer la chanson *Money* à Pink Floyd. Je réponds *l'œil* au lieu de *la vue,* dans une question sur la presbytie. Dix secondes perdues. Heureusement, Molière et ses femmes savantes me permettent de bloquer mon chronomètre à vingt-quatre secondes. Je souffle enfin. Il est techniquement impossible que dans la demi-seconde qui lui reste, Mélissa puisse écouter sa dernière question et y répondre. Jean-Luc tente le coup, mais à peine a-t-il prononcé ses trois premiers mots que le gong retentit. Sur un ton solennel il annonce :

— Ça veut dire qu'aujourd'hui, lundi 29 avril, Paul devient…

Sourire aux lèvres, je termine la phrase avec lui.

— Maître de midi !

Fair-play, Mélissa m'enlace et me dit qu'elle est heureuse d'avoir fait la finale contre moi. C'est très gentil de sa part, et je l'embrasse avec maladresse. Nous, les Asperger, ne sommes pas du tout à l'aise avec ce genre d'effusions. Le public, debout, applaudit. Jean-Luc Reichmann me félicite, me dit que c'est un très grand plaisir. Je le remercie et lui réponds que le plaisir est partagé. J'espère que ça se voit. Mélissa repart avec un peu plus de 15 000 euros et un voyage, et sur mon pupitre s'affichent désormais 20 000 euros.

La partie n'est pas finie, mais maintenant je joue solo. C'est le moment du Coup de Maître. Me voilà debout, face à l'animateur, les caméras braquées sur moi et le public tout autour. Je ne peux plus compter sur les trois autres candidats pour me décharger du poids des regards. J'essaye de ne penser qu'à l'essentiel, de bien écouter pour pouvoir bien répondre. J'essaye de faire abstraction de mon entourage. Je ferme les yeux et concentre toute mon attention sur la voix de l'animateur. Je n'ai aucun doute sur mon savoir, ce qui me fait peur, c'est de ne pas être en état de *comprendre* les questions. Jean-Luc me demande si je vais bien, je réponds par l'affirmative mais il n'a pas l'air convaincu. L'angoisse est perceptible dans mon attitude, je me sens gauche, mes mains ne savent pas où trouver leur place, mon corps cherche, en vain, quelle posture prendre.

— Maintenant, il n'y a plus de pression, il n'y a plus de chronomètre, dit Jean-Luc pour me rassurer.

J'acquiesce, mais personne n'est dupe, le stress est à son paroxysme. Les questions défilent. À chaque fois deux propositions, et une troisième option, cachée, que l'on appelle « l'autre ».

— Selon l'expression, lorsqu'on avoue ses sentiments à quelqu'un, on dit qu'on lui déclare quoi ? Sa flamme ? Sa mèche ? Ou « l'autre » ?

Trop facile. La deuxième question porte sur le film de Spielberg, *E.T.*, et le véhicule avec lequel lui et Elliott s'envolent. Il faut choisir entre un avion, une voiture, et « l'autre ». Je choisis « l'autre », et pense que c'est peut-être une soucoupe volante. Derrière « l'autre » se cache un vélo. Les images me reviennent, bien sûr, et je revois l'affiche du film avec les deux héros chevauchant une bicyclette sur fond de pleine lune. Peu importe, j'ai fait le bon choix, il fallait choisir « l'autre », et je marque un deuxième point. Puis un troisième grâce au bâillement, qui correspond parfaitement à la définition « Réflexe du corps humain sous l'effet de la fatigue ou de l'ennui ». La quatrième question porte sur la composition de la galette complète. L'œuf-jambon-fromage ne me pose aucun problème. Quatre sur quatre. Plus qu'une question, et je réussis le Coup de Maître et partage 20 000 euros avec un téléspectateur. C'est une question d'histoire, je respire.

— Comment appelle-t-on l'insurrection qui a lieu à Paris en mars 1871 ? Soit c'est le Village de Paris, soit c'est la Commune de Paris, soit c'est « l'autre ».

Ma voix a retrouvé de l'assurance lorsque j'affirme que c'est la Commune de Paris. J'apporte même quelques précisions.

— La réponse est… La Commune de Paris, confirme Jean-Luc Reichmann.

Applaudissements, musique sur le plateau et ambiance de fête. Je rejoins Jean-Luc qui me fait signe. Je ne sais pas ce qu'il convient de faire. Il me donne l'accolade, et comme une excuse je lui glisse que ce n'est pas évident pour moi d'aller faire la bise à quelqu'un.

— Mais ne t'inquiète pas. C'est juste pour te dire bravo. Je suis très heureux pour toi, parce que ce sont tes connaissances, ton combat contre ce syndrome Asperger qui te permettent, sous les yeux de ta maman, de gagner aujourd'hui cette somme à partager de 20 000 euros.

Gros plan sur maman, émue, puis sur Mélissa, qui essuie les larmes qu'elle n'a pu retenir. L'ambiance est très chaleureuse, mais je n'arrive pas à en profiter. Encore quelques minutes de jeu, l'épreuve de l'Étoile mystérieuse, et je pourrai me réfugier dans les coulisses.

Dans cette dernière phase de l'émission, il s'agit de découvrir l'identité d'un personnage célèbre grâce à une photographie sur laquelle sont cachés des indices qui se dévoilent les uns après les autres. Chaque jour on ajoute un cadeau, et le candidat qui découvre le personnage de l'Étoile les remporte tous. Zette dresse l'inventaire et cite en vrac « le matériel de pêche, la barque à moteur, la friteuse, le casque de réalité virtuelle, l'enceinte intelligente, la cage de foot, la batterie complète, la télé 4K, la moto de compet' et la voiture ». La photo apparaît avec ses indices et Jean-Luc me rappelle les propositions faites par les candidats qui m'ont précédé. Je n'ai pas vraiment d'idée, alors je hasarde « Gandhi ». Comme chaque jour le public lance le décompte avant de connaître le verdict : « Cinq, quatre, trois, deux, un, étoile ! » L'étoile clignote, mais rien ne se passe. C'est perdu, je ne suis pas étonné.

— Non, ce n'est pas Gandhi, confirme Jean-Luc, mais je voudrais qu'on fasse une ovation à Paul qui a été extraordinaire. Tu as été superbe. Et en plus, un téléspectateur va gagner comme toi 10 000 euros.

Plus tard, on m'expliquera que Gandhi, ça ne parle pas assez aux téléspectateurs, et que je dois proposer des personnages plus actuels et accessibles. Pour l'heure, le public applaudit de nouveau. Je suis un peu gêné, mais je sais que dans ce type d'émission le public est là pour ça, alors je supporte. Je fais un petit signe de la main et regagne les coulisses. Je vais enfin pouvoir souffler un peu, trop peu hélas pour faire vraiment redescendre la pression. Car dans vingt minutes, nous enregistrerons l'émission suivante. Je viens de vivre ma première expérience télévisuelle. Je suis loin de me douter que ce n'est que le début de la plus incroyable aventure de toute mon existence.

# Je suis Asperger

Au Centre médico-pédagogique Hibiscus de Fort-de-France, je vois régulièrement le Dr Guillard. Elle me fait parler et prend des notes, beaucoup de notes. Elle émet des hypothèses diverses, mais rien ne correspond vraiment à mon état. On procède par élimination. On me fait passer un test de QI qui se révèle normal. J'ai des capacités importantes dans certains domaines, mais dans d'autres les résultats sont tout à fait banals. Bref, je ne suis pas surdoué, ce n'est pas ça le problème. On suit d'autres pistes sans succès. Et puis un jour, mamie Catherine nous appelle. Ma grand-mère maternelle est tombée sur des vidéos d'un spécialiste marseillais du syndrome d'Asperger, le Pr Da Fonseca, et trouve de nombreuses ressemblances entre ce qu'il décrit et mon comportement. Pour en avoir le cœur net, le Dr Guillard me dirige vers le Centre de ressources autisme de Fort-de-France, où je passe de nouveaux tests. Là-bas, pendant plusieurs jours, je rencontre différents praticiens qui évaluent mes capacités de communication et d'interaction. Je suis soumis à huit cents questions. On me montre des visages, et je dois deviner ce qu'ils expriment, j'explique quelles seraient mes réactions face à telle ou telle situation. Et puis on me fait écrire une histoire dont le personnage principal serait un ours. Dans mon récit, je l'imagine incapable de vivre avec ses congénères, toujours en dehors, en périphérie des autres ours.

Quelque temps plus tard, le 29 juin 2015, le verdict tombe. Il n'y a plus aucun doute possible, après seize années de flou, de tâtonnements et d'incertitude, je suis diagnostiqué autiste Asperger.

Pour maman et moi, c'est un soulagement. Enfin nous savons à quoi nous en tenir. Enfin, nous allons pouvoir avancer. Pour papa, au contraire, le choc est terrible. Il n'admet pas le côté inexorable du diagnostic qui fait de moi, à vie, un autiste. Depuis mon enfance, à chaque accroc, on se disait que tout irait mieux l'année suivante. Nous savons maintenant que ce n'est pas une question de temps. Papa est abasourdi, effondré. Il ne veut pas que je sois Asperger. Dans mon entourage scolaire, ça ne change pas grand-chose, mes professeurs ne connaissent pas ce syndrome. Au mieux ont-ils une vague idée de ce qu'est l'autisme, mais ils sont toujours aussi démunis lorsqu'il s'agit d'essayer de me gérer. Il faudrait mener un énorme effort de sensibilisation auprès des enseignants, tout comme auprès des médecins généralistes, qui ne sont guère mieux lotis. Je réalise que bien que l'on connaisse l'origine de mes troubles, peu de gens seront en mesure de m'aider. C'est une grosse déception.

De mon côté, je peux commencer à me documenter. Je veux en apprendre davantage sur moi-même, mieux comprendre les réactions des autres à mon égard, me projeter dans le futur. Je découvre la place à part du syndrome Asperger dans les troubles du spectre autistique. J'y reconnais tous ces désagréments qui font mon quotidien, à commencer par cette pénalisante inaptitude à comprendre et gérer les interactions sociales. Je ne suis pas en mesure de décoder les émotions chez les autres.

Grâce à mes recherches, je découvre l'existence de Josef Schovanec, un philosophe et écrivain Asperger. Je dévore deux de ses livres, *Je suis à l'Est* et *Voyage en Autistan*, des témoignages précis et éclairants sur son quotidien. Nous avons des points communs indéniables. À deux reprises, j'ai eu la chance de le rencontrer à l'occasion de conférences dans la région et j'ai son numéro de téléphone. Parfois je lui envoie un message. J'apprécie sa personnalité, sa manière très particulière de s'exprimer. C'est un excellent porte-parole de la communauté autistique. J'aimerais pouvoir un jour suivre sa trace, témoigner, faire part de mon expérience. Il était d'ailleurs prévu que je participe à ses côtés à une prochaine conférence à Charenton-le-Pont, sa ville natale, en région parisienne. La conférence a été annulée à cause de la pandémie, mais j'espère que ça pourra se faire un jour. Schovanec est celui qui m'a appris à changer de vocabulaire, à ne plus parler des autistes, mais des personnes avec autisme. Parce que c'est moins réducteur et que l'autisme n'est qu'un aspect de notre identité. Nous sommes des personnes à part entière, qui vivons avec ce syndrome. Depuis que le diagnostic a été établi, c'est comme si je me sentais enfin le droit d'être qui je suis. Je ne suis pas malade. J'ai un cerveau différent, avec en positif des zones plus actives, d'où mon incroyable mémoire ou ma sensibilité visuelle et auditive accrue. Et en négatif, de mauvaises connexions entre certaines zones, qui me rendent hermétique à tout ce qui relève de l'implicite. Le second degré m'échappe, tout comme me sont étrangers l'hypocrisie ou le mensonge.

Je retrouve là l'un des traits saillants de ma personnalité. Je ne comprends pas que l'on puisse s'enliser dans un mensonge en se disant que c'est pour la bonne cause ou pour se sauver d'une situation délicate. Je le vis comme une agression psychologique bien plus dure que n'importe quelle agression physique, et si insupportable qu'elle peut susciter en moi de la violence. Le fait de vivre entouré de menteurs me révolte, et la confrontation au mensonge me fait sortir de mes gonds.

Je suis celui qui n'a jamais menti. Je sais que c'est difficile à concevoir. Peut-être, enfant ou ado, ai-je proféré quelques petits mensonges, mais je n'en ai aucun souvenir. Même très jeune, lorsque je faisais une bêtise, je le disais. Si un professeur écrivait un mot dans mon carnet, je le montrais à mes parents. Il m'est arrivé de regretter d'avoir dit la vérité, mais je sais que, de toute façon, j'aurais été incapable de faire autrement. Me traiter de menteur est la pire insulte que l'on puisse me faire : c'est le signe que l'on n'a rien compris à qui je suis.

Avoir enfin posé un nom sur mon handicap lève le voile sur ce que sera ma vie. Celle d'un Asperger au milieu des neurotypiques, les autres, ceux que l'on dit « normaux ». Je sais, pour le suivre depuis longtemps, que c'est un parcours semé d'embûches, et que je devrai être fort pour franchir chaque obstacle. Il y a tant de choses qui paraissent simples aux autres, et qui me sont infiniment compliquées, des banalités du quotidien qui me mettent en difficulté et me minent le moral, comme devoir prendre la parole ou m'exprimer en public. C'est peut-être le résultat de toutes ces années où je me suis entendu dire que je n'étais pas normal, à côté de la plaque, en dehors des réalités. Le regard que je porte sur chacune de mes actions est plus sévère encore que celui des autres. Je m'en prends à moi-même chaque fois que j'ai le sentiment de ne pas être à la hauteur, je me dis que je suis stupide, débile. Pour autant, je n'accorde aucune excuse à ceux, nombreux, qui m'ont rabaissé. Ce sont des imbéciles. Ils peuvent même, le temps d'une révolte, me faire sortir de cette modestie forcée dans laquelle ils m'ont enfermé, et m'amener à penser que je vaux bien mieux qu'eux.

Je mesure chaque jour la profondeur du fossé qui me sépare des autres et que le temps qui passe continue de creuser. À l'école primaire, je ne me rendais compte de rien, j'étais comme tous les petits garçons. Au collège, le mot qui revenait le plus souvent pour me qualifier, c'était « bizarre », à cause de ma manière de me tenir, de marcher, de me comporter. On me trouvait singulier, loufoque. J'étais la cible d'agressions verbales. Les mots fusaient, *con*, *stupide*, *couillon*, et résonnaient dans ma tête pendant des heures, faisant naître le sourd désir de rendre coup pour coup, de vous dire que pour moi, vous aussi, les neurotypiques, vous êtes bizarres. La différence c'est que votre bizarrerie est bien mieux considérée que la mienne car elle est la norme. C'est une bizarrerie ancrée. D'ailleurs, vous ne la voyez même pas. J'ai l'impression que dans cette société les choses qui me semblent les plus folles sont considérées comme les plus normales, et vice versa. Je voudrais pouvoir remettre en cause cette définition de la normalité dans laquelle vous vous complaisez. Mais à quoi bon perdre mon temps dans un combat perdu d'avance ? Lorsque j'essaye de l'expliquer, on me prend encore un peu plus pour un fou.

# Ma tête à la télé

Me voilà donc Maître de midi, j'arrive à peine à le croire. Moi, Paul, l'Asperger, j'ai vaincu, malgré mon inattention chronique, malgré l'angoisse d'être au centre des regards. Rétrospectivement, cette première participation n'a pas été si brillante, et je considère même que je ne méritais pas de gagner. Pour moi, quelqu'un qui passe au rouge n'a pas sa place dans le jeu. Je me suis demandé si la production ne m'avait pas donné un coup de pouce en me posant des questions d'histoire assez simples. Mais quand bien même cette première victoire serait la dernière, je ne serai pas venu pour rien. J'ai déjà gagné énormément et j'en suis fier. Je ne parle pas de l'argent, tellement secondaire. J'ai relevé avec succès un défi audacieux : paraître en public, montrer un peu de moi-même. J'ai aussi bénéficié de quelques minutes d'exposition sur une grande chaîne de télévision, qui m'ont permis de mettre en lumière ces gens pas comme les autres qu'on appelle les autistes.

Après un retour dans ma loge et un gros quart d'heure de pause, je me retrouve dans les coulisses, puis sur l'estrade, prêt à faire une nouvelle entrée sur le plateau dès qu'on me fera signe. L'énorme plaisir procuré par ma première victoire n'a hélas pas suffi à dissiper mon stress, et lorsque démarre le générique, c'est avec la même boule au ventre que je descends de nouveau l'escalier qui mène au centre du plateau. Il reste deux enregistrements pour terminer cette séance. Les épreuves se succèdent, je ne me sens pas encore complètement dans le jeu, je maîtrise mal mon attention, mais je trouve les réponses à chacune des questions qui me sont posées, et je franchis chaque étape sans jamais passer au rouge. Je termine vainqueur deux nouvelles fois, et je rentre à Grenoble avec en poche le précieux titre de Maître de midi. On m'a fait remarquer qu'à l'écran je n'avais pas l'air très heureux d'avoir gagné. Un autre candidat se serait sûrement laissé aller à plus d'enthousiasme, mais je ne fonctionne pas comme ça. Je suis pourtant extrêmement satisfait d'avoir réussi.

C'est le 29 avril que pour la première fois je me vois à la télévision. Toute la famille est là, les yeux rivés sur l'écran, et c'est un événement pour tout le monde. Qui aurait pensé, quelques mois auparavant, que ce serait possible ?

Ce qui me saute aux yeux, c'est d'abord ce manque criant d'aisance, symptôme de la mise à l'épreuve permanente que constitue ma présence sur le plateau.

*Oh ! cette tête. On dirait que je vais mourir ! Et, c'est quoi, cette manière de parler ?*

76

Il est très singulier et pas franchement agréable, ce moment de la découverte de sa propre image, celui où vous prenez conscience de ce que les autres perçoivent de vous. Je m'observe, me critique à haute voix. Je relève chacun de ces petits défauts, de ces choses que je dis ou fais, et que je vais devoir corriger. Je cerne mes marges de progression et me fixe quelques objectifs : être plus expressif, sourire davantage, me détendre, tenter quelques blagues avec Jean-Luc, parler plus distinctement. J'aimerais pouvoir m'entraîner, mais je ne sais pas trop comment procéder. Ce n'est que dans le contexte de l'émission que je peux avancer. L'équipe des *Douze Coups* essaye bien de me conseiller, mais c'est délicat, car elle sait que mon attitude est directement liée à ma personnalité. Ce n'est qu'à force de ténacité, après des dizaines d'émissions et une somme inimaginable d'efforts, que le système de blocage commence à se déverrouiller, comme si ma participation au jeu me rendait moins autiste. Avec le temps je deviens plus ouvert. Il me reste encore à canaliser mes émotions, à trouver un juste milieu entre en faire trop ou pas assez. Le fait d'être Asperger rend compliqué le dosage. Dans la vie, si je suis déprimé, énervé, ou en colère, je me réfugie dans le mutisme. Dès que les choses vont mieux, lorsque je suis content, je parle fort, je tape dans les mains, je saute partout. Je fais le foufou. Sur le plateau c'est la même chose, je semble facilement taciturne, absent, mais dès que je suis plus à l'aise, je peux vite déborder, paraître omniprésent, voire insolent. J'ai du mal à contenir mon envie de parler quand ce n'est pas mon tour. Je dois apprendre à ne pas empiéter sur le temps de parole des autres, à ne pas répondre à voix basse à leurs questions, parce qu'avec les micros, tout s'entend.

— Paul, il faut se taire quand l'autre parle !

C'est fatigant, mais je me rends compte que cela s'apprend, pas à pas, à force d'obstination. Et je le fais sans rechigner parce que c'est moi qui ai fait le choix de participer à ce jeu, parce qu'en compensation de toutes ces contraintes, il y a la satisfaction que je tire à confronter mes connaissances à celles des autres. Et de ce point de vue les choses se passent bien. Très bien.

# Les années lycée

Mon entrée au lycée Bellevue de Fort-de-France est source de dépaysement et d'inconfort. Un lieu plus grand, davantage d'élèves et de professeurs, je dois m'habituer à cet environnement hostile. Je mets un peu de temps à prendre mes marques, mais découvre le bon côté des choses : des cours intéressants, un CDI plus vaste avec davantage de livres. Comme au collège, j'y passe beaucoup de temps. Au début de la seconde, je suis l'un des plus petits de ma classe. Je mesure un mètre soixante-dix, et ma puberté se fait attendre. Je n'ai pas le moindre poil, même mes dents sont en retard. Mes parents commencent à s'inquiéter. Après une série de tests, le médecin se veut rassurant : ce n'est qu'une question de patience. Il fait sourire tout le monde quand il annonce que je mesurerai un mètre quatre-vingt-cinq. Et pourtant il voit juste, et, en un an et demi, je grandis au-delà de mes espérances. Je prends vingt centimètres, et domine désormais tous mes camarades du haut de mon mètre quatre-vingt-dix.

Du lycée Bellevue, je garde surtout le souvenir de mon professeur principal de première,

M. Demangeon. Il m'enseigne le français et la littérature. Sac à dos, lunettes de soleil sur le front, c'est un jeune prof atypique, originaire de Métropole. À la fois sérieux et amusant, il aime les livres et la culture, et avec lui je peux échanger sur de nombreux sujets. Je le sens à l'écoute et j'ai l'impression qu'il sait composer avec ma différence. C'est suffisamment rare pour être appréciable. C'est lui qui nous accompagne en Italie en octobre 2015 lors d'un échange linguistique. Quelques mois plus tôt, nous avons accueilli mon correspondant, Tomaso, à la maison pour une semaine. À mon tour, je suis accueilli chez lui à Grosseto, en Toscane, où sa mère, Antonella, est aux petits soins. J'accompagne Tomaso en cours, et l'après-midi, avec tout le groupe, nous visitons la région. C'est une expérience très enrichissante.

À la fin du séjour, je ne retrouve la Martinique que pour quelques semaines. En novembre nous rentrons en Métropole. Au Centre de ressources autisme de Fort-de-France, on a été clair avec nous : à la Martinique, il n'y a aucune structure de prise en charge de l'autisme. Maman, qui doit évoluer professionnellement, a demandé sa mutation à Grenoble. Au-delà de l'intérêt qu'elle peut y trouver pour son métier, l'hôpital de la ville héberge un Centre expert Asperger.

Nouvelle ville, nouvelle maison, nouveaux voisins, et bien sûr nouveau lycée. Le changement est brutal, et sans surprise la transition est douloureuse. Non pas que je garde une nostalgie de la Martinique, car je n'y avais pas vraiment d'amis et je laisse peu de monde derrière moi, à part Guigui, mon camarade de lycée, mais ça m'est toujours aussi compliqué de sortir des sentiers tracés. Nous arrivons à Grenoble à l'entrée de l'hiver, et le changement climatique n'arrange rien. Au lycée Les-Eaux-Claires professeurs et élèves me réservent pourtant un bon accueil, chacun fait des efforts pour m'intégrer, me donner le goût de suivre les cours, me maintenir à flot. Malgré cela, je sens que je coule. Aller en cours devient un supplice. Je suis infiniment seul. La dépression s'installe insidieusement, et je n'ai ni la volonté ni les ressources pour me battre. Quand je me sens trop mal, j'attends la fin du cours, puis je vais me réfugier à l'infirmerie. Mme Sage m'y accueille toujours chaleureusement. Elle sait me comprendre. Elle me soutient, parle à mes professeurs, obtient pour moi le tiers-temps. Sans elle, je suis perdu. Mais ma souffrance a raison de tout. Je passe à côté de mon bac de français.

Ma famille tâche de comprendre ce qui ne va pas, de me motiver. Elle fait tout pour m'empê-cher de sombrer. Mais comme tout le monde, elle est démunie. À cette époque j'échange parfois au téléphone avec Marie-Thérèse. C'est une collègue de ma mère que nous avons connue à la Martinique. Elle est devenue une amie de la famille. Il lui est parfois arrivé de s'occuper de nous à Fort-de-France lorsque mes parents étaient au travail. Elle venait me chercher au lycée avec sa Chevrolet, m'apportait un goûter… Je la considère un peu comme ma seconde maman et je me confie à elle. Elle m'est d'un soutien précieux lorsque je ne vais pas bien.

Pour mes parents aussi, ces périodes de dépression se transforment en supplice. Avec ma mère, je réussis à me livrer. Papa a toujours du mal à supporter mes excès, il est vrai que parfois je suis *border-line*. Il a tendance à oublier qu'on ne peut pas exiger de moi ce qu'on est en droit d'attendre d'un autre. Quant à mon frère et ma sœur, comme les autres ils me trouvent étrange. Ils le disent parfois. En grandissant, nous passons moins de temps ensemble. Avec Louise nous avons partagé de longues heures sur nos jeux de société, mais ses centres d'intérêt évoluent, et c'est normal. Tous les deux changent, vivent leur vie, ont leurs copains, leurs copines. J'ai l'impression d'être le seul à stagner, celui qui est obligé de rester chez ses parents parce qu'il ne sait pas ce qu'il pourrait faire d'autre. Celui qui n'est rien dehors.

Le sens de ma vie m'échappe, et je flirte avec l'idée de suicide. Je suis d'une violence extrême, contre les autres, et surtout contre moi. Lorsqu'il m'arrive de sortir, les gens me regardent bizarrement. Ma mère sollicite le Centre expert Asperger de Grenoble, mais on lui oppose le fait que je sois mineur et qu'on ne prend en charge que des adultes. Elle insiste, explique que j'ai dix-sept ans, que je suis en dépression sévère, mais se heurte à un mur. La déconvenue est immense. C'est la famille tout entière qui est en apnée.

À l'hôpital, heureusement, un professeur me prescrit un traitement qui diminue mes TOC et m'aide à me stabiliser. C'est difficile d'admettre que j'aie besoin d'un médicament pour pouvoir me révéler tel que je suis, mais je dois convenir que c'est ce traitement qui me permet de sortir de l'ornière. Si je l'arrête, je risque de revenir à ma condition d'autiste primaire, qui se tient loin des autres et s'énerve pour un rien. Sans lui, j'ai toujours une bonne raison de pester, je sombre dans l'intolérance, la phobie sociale, la folie. L'été et les vacances me font du bien, et je commence à prendre mes repères, à me créer de nouvelles habitudes. Mon premier mois en classe de terminale est un peu dur, mais ensuite je trouve mon rythme et me sens mieux. On m'a attribué une auxiliaire de vie scolaire, Virginie. Elle est à mes côtés pendant la majorité des cours et m'aide à prendre des notes quand ça va trop vite. C'est un apport très bénéfique. Elle est là aussi pour me calmer et me canaliser lorsque je n'arrive plus à me concentrer et que je fais le foufou. Virginie a à peu près l'âge de ma mère, et on se parle beaucoup. En classe, elle a appris à se faire très discrète, à tel point qu'on dirait que les gens ne la voient pas. Ils savent qu'elle est là, mais n'y prêtent pas attention. Je lui apprends des choses sur l'Histoire et j'en tire un grand plaisir. Ses attentions à mon égard vont au-delà de son rôle d'auxiliaire de vie scolaire. Pour mes dix-huit ans elle m'offre des livres, peu à peu une relation de confiance et d'amitié s'installe entre nous.

Finalement, je passe une année assez correcte et au mois de juin je me présente aux épreuves du bac. Lors des examens, mon principal défi, c'est de tenir sur la durée. Avoir une bonne mémoire ne suffit pas, car il n'y a pas que le savoir qui compte. La culture, ça sert à remplir les cases. Avant cela, il faut construire un raisonnement, choisir la bonne méthodologie, comprendre les instructions formelles qui sont données et qui bien souvent ne sont pas compatibles avec ma logique personnelle. Je me souviens d'un devoir dans lequel il fallait se mettre dans la peau d'un personnage. Un exercice impossible pour moi. Un Asperger ne peut pas se mettre dans la peau de quelqu'un. Je peux expliquer, critiquer, mais pas prendre la place. Mon cerveau n'est pas équipé des bonnes connexions pour cela.

Pendant toute la durée des examens, je m'accroche, redouble d'attention et de détermination. Je n'oublierai jamais le moment des résultats. Je suis dans la cour du lycée avec des dizaines d'autres élèves. Fébrile, je parcours du regard les listes affichées. Quel soulagement d'y découvrir mon nom ! J'obtiens le baccalauréat, certes sans mention à cause de mes points de retard, mais mes efforts ont porté leurs fruits. Qui l'aurait cru un an plus tôt ? Je savoure ma victoire à sa juste valeur. Je vis l'un des meilleurs instants de mon existence et partage la joie des autres jeunes bacheliers. Mes camarades de classe me proposent même de venir faire la fête avec eux. Une première depuis le CM2, un véritable événement ! L'invitation me touche, mais je ne suis pas quelqu'un de festif, alors je décline. Je rentre à la maison où on fait un petit apéritif en famille, et je trouve ça bien sympathique.

C'est dans ces occasions que je me rends compte à quel point je suis éloigné des gens de mon âge qui sortent, portent des vêtements à la mode, font la fête. Rien de tout cela ne m'intéresse. Je m'habille de manière austère et je reste avec mes bouquins et mon spleen. Seul. Ou presque.

Au lycée, par chance, j'ai fait la connaissance de Lila, qui est vite devenue ma meilleure amie. Il serait plus juste de dire ma « seule » amie. À cette époque, j'ai bien quelques copains avec lesquels je discute, comme Florent, ou comme Étienne avec lequel je vais à la librairie parfois. Je passe de bons moments en leur compagnie. Mais je place bien plus de choses derrière le mot « amitié ». Être mon ami, c'est prendre de mes nouvelles souvent, car j'ai du mal à en donner spontanément. C'est faire attention à mes suscep-tibilités, savoir discerner ce qui peut m'atteindre, rester proche même dans les périodes difficiles. Le problème avec moi, c'est que ces moments-là sont nombreux. C'est fou le nombre de relations amicales qui s'étiolent. Ces gens qui se disent mes amis et dont je n'ai plus de nouvelles, que je relance en vain. En fait, c'est vite vu, je n'ai pas d'amis. À part Lila.

De prime abord tout nous oppose. C'est une

fille miniature, un mètre cinquante-deux, des bottes qui lui montent aux genoux, des dreadlocks, des piercings, des tatouages. Avec son look décalé, gothique, et sa manière de penser originale, elle est très différente des autres élèves de la classe. Nous sommes deux profils atypiques, et j'ai tout de suite su que je pouvais lui faire confiance. Je peux me livrer à elle dans ces moments où le mal-être me submerge et cette relation est inestimable. C'est si important de me sentir écouté, accepté tel que je suis. J'ai, moi aussi, au fil du temps et de ma propre expérience, développé cette capacité à comprendre la souffrance des autres et à les conseiller. C'est sans doute perceptible, car on se confie plus souvent à moi qu'on ne m'écoute.

Lorsqu'il s'agit de communiquer, Lila est tout mon opposé. Avec une facilité déconcertante, elle va vers les autres, parle à tout le monde, se fait aimer. À défaut de m'intégrer à un groupe, échanger avec elle me permet de m'extraire de mon isolement, et c'est déjà énorme. On fait des sorties, on va à la FNAC ensemble. Au-delà des apparences, nous partageons de nombreux points communs. Lila adore lire, elle aime la philosophie. Parfois, elle m'invite à aller boire un verre avec d'autres amis. Ce n'est pas trop mon truc, parce qu'en général prendre un verre signifie consommer de l'alcool, et le plaisir qu'on peut en tirer m'échappe complètement. Je vois plutôt l'effet néfaste sur le comportement humain. Quelque temps après le bac, elle réussit pourtant à me convaincre de participer à une fête.

Je commets l'erreur d'accepter. Comme je m'y attendais tout le monde boit plus que de raison, et pour moi, c'est à deux doigts de mal tourner. En rentrant dans une chambre, je surprends une fille et un garçon. Je trouve ça assez original et, ma mauvaise maîtrise des codes sociaux aidant, je m'empresse d'aller le raconter aux autres. Le drame ! Dans le groupe, une fille est amoureuse du garçon en question. Elle fond en larmes et lui fait un scandale, alors que lui, furieux, se met en tête de me frapper. Heureusement Lila s'interpose, prend ma défense et me sort de ce mauvais pas. Elle m'a ainsi prouvé que je pouvais compter sur elle, même dans les moments compliqués. C'est tout ce que j'attends d'une vraie amie.

Avec la fin des années de lycée, ma solitude s'accroît, les contacts avec les autres se font encore plus rares. C'est un cercle vicieux. Moins je suis entouré, plus je développe un esprit critique vis-à-vis de la société, et plus ce monde m'est difficile à supporter. Je connais de nouveaux passages dépressifs, et il m'arrive même de refuser de m'alimenter. Pendant vingt-quatre à quarante-huit heures je reste sans manger et sans boire. Une manière de faire réagir lorsque j'ai l'impression de ne pas être compris ou entendu. Une grève de la faim en quelque sorte, d'autant plus douloureuse que j'ai plutôt un bon appétit en général ! Maman dans ces cas-là doit faire preuve de beaucoup de patience et de persuasion pour me convaincre de m'alimenter de nouveau.

# 100 000 euros

Déjà près de cinq semaines que je suis présent sur les écrans de TF1. Si tout va bien, aujourd'hui, je remporterai ma vingt-quatrième victoire. Il y a quelques minutes, alors qu'il fallait trouver parmi plusieurs noms quels poètes étaient morts au $xx^e$ siècle, j'ai désigné Guillaume Apollinaire, en précisant ses dates de naissance et de mort : 1880 – 1918.

— On a 1917, a fait remarquer Zette, lisant ses fiches, mais je fais confiance à Paul…

Je confirme et précise.

— C'est bien 1918, il est mort deux jours avant l'Armistice, le 9 novembre.

— Les gars, ajoute Zette en plaisantant, il faut réviser vos infos. Paul, il sait, lui !

L'émission se poursuit, et bientôt il ne reste plus qu'une question dans le Coup de Maître.

— Quel architecte a conçu le musée du Louvre d'Abu Dhabi en novembre 2017. Ieoh Ming Pei, Jean Nouvel, ou Frank Gehry ?

— Jean Nouvel.

Jean-Luc marque quelques secondes de silence,

comme à chaque fois qu'il veut entretenir le suspense, mais je n'ai aucun doute.

— Sous les yeux de la petite famille qui est montée de Grenoble, c'est… Jean Nouvel !

Tonnerre d'applaudissements dans le public. C'est un moment symbolique dans le jeu car je viens de franchir le cap des 100 000 euros. Une somme énorme. Je rejoins Jean-Luc qui me donne une accolade et me serre la main en me félicitant. Je suis souriant, presque détendu. Je le remercie et lui glisse à l'oreille que je vais embrasser mes parents, au premier rang du public.

— Eh oui, bien sûr, allez saluer toute la famille qui est venue de Grenoble. Papa est super ému… Vous pouvez être fier de votre famille, Ali.

Pour cette occasion, en plus de ma mère souvent présente, mon père, ma petite sœur, Louise, et mon frère, Samih sont avec moi. Régulièrement, je reçois des visites de proches. Parfois Jean-Luc leur demande de raconter des anecdotes me concernant. Lorsque mamie Catherine vient sur le plateau, elle explique comment tout petit j'apprenais par cœur et récitais les noms des animaux sur les affiches qui tapissaient ma chambre. J'ai eu aussi la visite de ma tante, Christine, de mon oncle, Marc, de ma cousine, Juliette, de mon cousin Raphaël, qui a raconté qu'il s'improvisait attaché de presse lorsque les gens me reconnaissaient et me demandaient une photo ou un autographe. J'ai aussi invité quelques connaissances, comme Marjorie, avec laquelle j'ai communiqué sur Internet, ou Edwige, rencontrée dans le TGV où elle m'avait reconnu. Nous avions continué à échanger sur Facebook, et je savais qu'elle suivait le jeu. Un jour qu'elle était à Paris, je l'ai conviée à assister à un enregistrement, et Jean-Luc évidemment n'a pas manqué de faire quelques allusions. Lorsqu'une fille me rend visite, j'ai droit aux plaisanteries et aux sous-entendus. Je ne me sens jamais très à l'aise quand je me fais charrier de cette manière. J'ai toujours peur que l'on puisse penser qu'une fille s'intéresse à moi parce que j'ai gagné une belle somme d'argent, et je trouve cela indélicat pour elle. Ma gêne est perceptible à l'écran.

Plus le temps passe, plus on me parle de mes prestations. À commencer par mes proches, qui connaissent ma personnalité et qui sont les premiers surpris de mon parcours. « *On n'aurait jamais pensé...* » Mon entourage est bien meilleur public que moi. Mais c'est surtout à l'extérieur que je ressens la puissance de l'impact de la télévision. *Les Douze Coups de midi* est une émission très regardée, et il n'est pas rare qu'on me reconnaisse dans la rue. Je suscite la curiosité et l'intérêt. Dans les premières semaines, mon père m'emmène dans des endroits où les gens ont envie de me voir.

— Les gens du club de boule te regardent. Viens, on va leur rendre visite.

À chaque fois je joue le jeu. C'est sans doute une manière de me montrer qu'il est fier de moi, et je sens bien que ça fait plaisir à tout le monde. C'est agréable, mais à vrai dire je n'y attache guère d'importance. Je retourne dans mon ancien lycée où le proviseur, la CPE et certains professeurs sont très contents de me voir. Heureusement, cette soudaine notoriété ne me fait pas changer d'attitude. Je sais que la télévision et la reconnaissance du public peuvent pervertir et je ne veux pas tomber dans ce piège. Je n'ai ni le besoin ni l'envie de me donner un rôle. Je tiens à rester celui que j'étais avant, humble, et pour rien au monde je ne veux devenir autocentré, ni arrogant. Le jeu ne me change pas, c'est le regard que les autres posent sur moi qui a changé. Que penser de ces personnes croisées à un moment ou un autre de ma vie et qui n'avaient manifesté aucun intérêt à mon égard, ou de ces amis d'enfance perdus de vue, qui ne me répondaient plus lorsque j'essayais de prendre des nouvelles et qui sont les premiers à venir se rappeler à mon bon souvenir depuis qu'ils m'ont vu à la télé ?

Je n'ai pas imaginé et encore moins souhaité devenir un personnage public. J'ai juste voulu tester mes connaissances dans un jeu que je trouvais intéressant. Il faut sans doute être un peu fou pour s'afficher dans une émission regardée par des millions de personnes quand on a tant de mal à aller vers les autres. En quelques semaines, je me retrouve sur le devant de la scène, sollicité, admiré, et c'est assez difficile à gérer. Quand on m'aborde dans la rue, je m'arrête. Je dois apprendre à être patient, à discuter. Ce sont souvent les mêmes questions qui reviennent : *Il est gentil, Jean-Luc ? Vous en êtes à combien d'émissions ? Vous avez gagné combien ?* Je reçois beaucoup de compliments. Je réponds, je remercie.

Par chance, les gens qui viennent spontanément à ma rencontre sont toujours bien éduqués. Ils se montrent sympathiques et respectueux. Ce sont les autres qui me gênent, ceux qui m'ont reconnu et qui, l'air de rien, me volent une photo, pensant que je ne les vois pas. Leur attitude me déplaît et me perturbe. Ce serait si simple de demander.

Il y a des jours calmes et d'autres où on ne cesse de me solliciter. Je n'ai alors qu'une envie, rentrer chez moi et m'isoler. Qu'on ne me parle plus, qu'on ne me reconnaisse plus, qu'on me laisse enfin tranquille. Parfois, je renonce à sortir.

À l'université, en revanche, c'est plutôt l'indifférence que je suscite. Si des gens de mon âge organisent une soirée, je ne suis pas plus invité qu'avant. Je ne suis pas certain que l'image très populaire d'un jeu de TF1 soit assumable par le monde universitaire. Peu d'étudiants regardent *Les Douze Coups de midi*, même si quelques-uns ont pu me voir, en général chez leurs parents ou grands-parents. Quant aux professeurs, c'est un univers bien éloigné de leurs centres d'intérêt. C'est sûrement mieux ainsi, je ne supporterais pas de me sentir mis sur un piédestal, pas plus que d'être celui qu'on invite par intérêt et que l'on exhibe.

# Parcourir le monde

Lorsque je décroche le bac, mes parents, désireux de me récompenser, me proposent de partir en vacances tous les trois et de choisir la destination. Mon intérêt pour l'Histoire m'oriente assez naturellement vers la Grèce. Des visites, de la lecture, les vacances idéales ! Je décide de partir sans mon téléphone, mais avec le tome I du *Seigneur des anneaux*. Je lis encore plus en vacances, car il m'est plus facile de me concentrer loin du stress de la ville. Nous parcourons l'Attique, le Péloponnèse, tous ces lieux historiques qui me semblent si familiers. J'ai beaucoup de plaisir à passer du temps dans ces petits musées qui jouxtent les sites archéologiques et reconstituent ce que fut la vie ici il y a deux mille cinq cents ans. Mes parents ont bien fait les choses. En planifiant les visites, ils ont pris soin de me ménager des journées de repos, car, même si j'adore découvrir de nouveaux lieux, l'imprévu reste quand même un souci. J'ai besoin d'anticiper ce que nous verrons chaque jour, de l'assimiler, d'imaginer l'endroit que nous allons visiter, d'évaluer le temps de parcours.

La moindre modification de programme peut engendrer troubles et agacements. Je sais que c'est compliqué à comprendre pour un neurotypique. La plupart des gens sont capables de dire « *On verra sur place* » sans que cela ne provoque la moindre appréhension chez eux. Pour ma part, j'apprécie d'avoir un papier détaillant le déroulement de chaque journée étape par étape.

Avec mon enfance ultramarine, j'ai toujours un peu voyagé : de la Réunion, nous avons visité l'île Maurice et Madagascar, de la Martinique, nous avons parcouru les Caraïbes. J'aimerais pouvoir le faire davantage encore et nourrir ainsi mes passions pour l'histoire, la géographie et la culture. J'aimerais aller en Amérique du Sud, au Pérou, en Bolivie, en Argentine, au Chili, au Brésil. Voir le Machu Picchu, la Terre de Feu. Et puis parcourir l'Asie, la Chine, le Japon, qui correspondraient assez bien je pense à ma psychologie, à mon amour de l'ordre et mon souci de la précision. Moins loin, je voudrais aussi partir à la découverte de de l'Angleterre, de l'Écosse, du pays de Galles, des Highlands et des Midlands, du Mur d'Hadrien, de la Chaussée des Géants. Les châteaux sombres, les forêts, les paysages reculés sont des atmosphères qui m'attirent. J'ai plus d'affinités avec les vestiges du passé, les peuplades d'hier qu'avec le monde d'aujourd'hui. Lorsque je vois de vieilles pierres, je me fais des films. J'embarque dans une machine à remonter le temps. J'imagine ce que fut l'existence de ceux qui ont vécu là il y a plusieurs siècles. Je rêve de la cordillère des Andes, de partir à la rencontre des populations qui vivent encore de l'agriculture et de la pêche, comme leurs aïeux, bien loin de l'humain connecté du XXI<sup>e</sup> siècle. Malheureusement, mon appétit de découverte est freiné par mon impossibilité à me prendre en charge seul. J'ai gagné quatre voyages aux *Douze Coups de midi*. J'ai fait le premier, en Islande. Une semaine bien intense avec ma mère qui m'a accompagné et qui a géré tout au long de la semaine. Nous étions à l'hôtel dans le centre de Reykjavik. Nous avons fait énormément de visites, la cathédrale, le musée, les chutes d'eau du Gulfoss, dîné dans un restaurant qui sert le hakarl, un requin fermenté bien salé. J'ai offert le voyage à Venise à mes grands-parents qui fêtaient leurs cinquante ans de mariage et le voyage au Japon à mes parents. Pour le séjour à Amsterdam, gagné pendant le jeu également, ma mère voudrait que je me débrouille tout seul. Elle a raison lorsqu'elle me dit que je ne partirai pas toute ma vie en vacances avec maman ! J'y arriverai sans doute un jour, mais pour l'instant j'ai besoin de la présence rassurante de quelqu'un dont je me sente proche, qui instaure un climat de confiance et qui organise. Quelqu'un qui balise mon chemin, qui décide où on va, à quelle heure on doit se lever. Ensuite, lorsque l'habitude s'installe, les choses deviennent moins difficiles. L'expérience des *Douze Coups de midi* en est un bon exemple. J'ai fini par m'habituer aux voyages à Paris, à prendre le train, à être autonome. Le vrai défi, comme pour beaucoup d'Asperger, c'était le métro. Il est l'archétype même de tout ce que nous détestons : le bruit, le contact physique, l'atmosphère de confinement. Heureusement, pour faire passer le temps et soulager l'angoisse, il y a la liste des stations. J'ai appris un à un les noms de chaque arrêt et me les récite dans l'ordre pour rendre le trajet moins pénible.

Je ne pourrais pas vivre à Paris. La ville est trop grande, trop remuante, trop anxiogène. Je m'y sentirais noyé au milieu des désordres de toutes sortes et des imprévus. Je suis content chaque fois que je rentre à Grenoble. J'y retrouve l'université, la librairie, tous mes repères depuis quatre ans.

# La famille des douze coups

Jean-Luc Reichmann fait face à la caméra et au public.

— Et un vent de folie souffle aussi le vendredi aux *Douze Coups de* ?

— *Midiiiiiiii* !

— Jamais au grand jamais, un si jeune candidat ne nous a autant émus, autant surpris. Sa culture et son fairplay nous ont littéralement conquis. Depuis quarante-sept jours la victoire lui sourit. C'est le plus jeune Maître de midi à être resté aussi longtemps dans notre émission, voici le Grenoblois Wiki-Paul !

Depuis un moment déjà, Jean-Luc m'a affublé de ce surnom qui a amusé tout le monde et qui, je pense, me collera longtemps à la peau. Parfois aussi, il m'appelle le shérif. Du haut de l'escalier, souriant, je saisis l'Étoile, mon trophée depuis quarante-six émissions, et gagne le plateau d'un pas presque assuré. Un salut sur la gauche, un salut sur la droite, au public qui scande mon nom.

— Paul, Paul, Paul, Paul, Paul…

Les séances d'enregistrement des *Douze Coups de midi* se font sur un rythme très soutenu, par sessions de deux ou trois semaines successives. Malgré tous les efforts qu'exige ma présence sur le plateau, toutes les difficultés que je dois affronter, j'aime jouer, et cette nouvelle vie me stimule.

Je prends l'habitude de ces nuits dans un hôtel du XIX<sup>e</sup> arrondissement dont peu à peu Babeth, la directrice, devient une amie, de ces taxis matinaux qui me déposent au Studio 107. Ma mère, qui travaille à Paris, essaye de se libérer aussi souvent que possible pour être à mes côtés. Avec l'équipe de l'émission, des liens commencent à se nouer. Avec Yohann surtout, qui accompagne les Maîtres de midi. Il faut dire que nous passons beaucoup de temps ensemble. Il fait partie des casteurs qui vont d'une ville à l'autre pour sélectionner les nouveaux candidats, et, au Studio 107, c'est lui qui s'occupe de moi. Il est aux petits soins, gère tous les détails pratiques de mon quotidien les jours d'enregistrement. Peu à peu nous devenons vraiment complices. Il nous arrive de prendre un verre ensemble en dehors des enregistrements, il m'emmène sur un tournage auquel il participe, et lors d'un passage à Grenoble il vient déjeuner à la maison. Yohann tient aussi le rôle de coach. Il me dévoile tous les rouages de la télévision. Pour moi qui suis très rationnel, c'est souvent assez compliqué à capter. J'ai du mal à comprendre ce que l'on peut dire ou pas lorsqu'on est en plateau, ce qui sera conservé ou coupé au montage, les propos qui pourraient gêner, parce qu'ils sont trop crus ou qu'ils relèvent de l'intimité. J'ai quand même la chance qu'on me laisse dire à peu près ce que je veux, même lorsque je suis un peu brut. Aux masters de l'été lorsque Jean-Luc me demande de revenir sur mon beau parcours, je lui explique :

— Je me disais : « Oh ! je réponds bien, je vais y aller. Moi, je suis un petit peu fou, je vais tout défoncer ! » Et du coup, je suis comme Bouteflika : je suis sur mon fauteuil, je ne bouge pas…

Jean-Luc accueille la comparaison avec le sourire et commente :

— Oui, c'est bien ce rapport-là. Merci. Vous savez, avec Paul on ne sait jamais ce qui va se passer… Merci, Paul !

Je sens bien qu'il s'efforce de rattraper le coup. J'en déduis que cette allusion au dirigeant algérien qui s'accroche au pouvoir depuis son fauteuil roulant est un peu dérangeante et qu'elle sera sûrement coupée. Il n'en est rien ! Elle est diffusée telle quelle, et je me suis même laissé dire que ma spontanéité avait bien fait rire la communauté algérienne. De même lorsque je prends la défense des requins qui attaquent les surfeurs à la Réunion, en expliquant qu'ils sont dans leur milieu naturel et que les humains n'ont rien à faire là, la production laisse passer. Je pense que ma jeunesse et ma sincérité sont intéressantes pour le programme. De semaine en semaine, les gens se sont attachés à moi. L'audience a parfois dépassé les cinq millions de téléspectateurs, et sans doute généré pas mal de profit. À aucun moment pourtant, je ne me suis senti utilisé, ni exposé comme une bête de foire.

Parmi les personnages emblématiques du jeu, il y a ma copine Zette, la voix-off de l'émission, à l'humour grinçant. Invisible, elle est pourtant l'une des figures principales du jeu, la complice de Jean-Luc. Le jour de son anniversaire je lui ai apporté des noix de l'Isère et de l'huile d'argan du Maghreb. À ce moment-là, exceptionnellement, une caméra nous la montre de dos dans la cabine d'où elle intervient. Petite, fine, les cheveux rouges, elle est dans la vie comme dans l'émission, une rigolote !

Le plateau est une ruche, et j'apprends à découvrir les uns et les autres, casteuses, cadreurs, techniciens auxquels je serre la main. Je connais chacun par son prénom, Vinz, Patrick, Alex, Bertrand, Charles, Florence, Nathalie, Benoît... Il y a aussi France, la casteuse, Guy, l'agent de sécurité, Bruno, le chauffeur de salle qui occupe et prépare le public entre chaque émission, et Franck qui le remplace parfois. Et puis, David, Monsieur Cadeaux. C'est lui qui choisit, achète, expose les cadeaux de l'Étoile, s'occupe de la partie administrative, de la carte grise quand je gagne une voiture. Tout un petit monde très organisé, où chacun sait précisément ce qu'il a à faire, et qui me réserve toujours le meilleur accueil.

Et au centre de tout ça, il y a le boss, Jean-Luc Reichmann. Très sociable, extraverti, Jean-Luc est un homme de communication qui parle à tout le monde, connaît tout le monde. C'est aussi quelqu'un de chaleureux, courtois, à l'écoute des autres, respectueux de leurs différences. Je me sens à l'aise avec lui, et sa bienveillance m'a bien souvent porté. Son attention de tous les instants a grandement facilité mon adaptation à l'univers inconnu que représentait à mes yeux la télévision. Sur le plateau il est le chef et il n'hésite pas à hausser le ton si quelque chose ne va pas. Comme moi, il a le souci des choses bien faites, et comme moi, si ça n'avance pas comme il veut, il peut râler, pester, engueuler.

— C'est bon maintenant ? On arrête ? On se concentre ?

Vis-à-vis de lui, l'équipe est très empressée, car il est à la fois patron et star de la télé. Il arrive que je m'agace quand je les sens trop aux ordres, s'adressant à lui comme à une personne sacrée. Tout ce qui peut ressembler à de l'obéissance aveugle me hérisse. Ma seule anicroche avec Yohann, tout au long de l'émission, c'est le jour où il me fait remarquer que je suis assis trop près de Jean-Luc. À la fin des émissions, nous avons l'habitude d'enregistrer tous les deux sur son téléphone une vidéo d'une dizaine de secondes pour faire un coucou au public sur les réseaux sociaux. Ce jour-là, Jean-Luc est installé à une petite table avec Zette. Épuisé par le tournage, je m'assieds en attendant dans un fauteuil à quelques mètres de lui. Je ne dérange personne, je ne fais aucun bruit, mais Yohann vient me déloger.

— Tu ne t'assieds pas là, il y a Jean-Luc qui travaille !

J'ai mal aux jambes, il y a des fauteuils libres, je ne perturbe en rien la quiétude de Jean-Luc, je trouve ridicule d'être zélé à ce point. Cette remarque que je vis comme une injustice me plonge dans une colère sourde. Je me renferme, me bloque, et pendant un long moment je me sens mal, malgré les excuses que me présente Yohann qui s'est rendu compte de son erreur. Lui aussi doit apprendre à me connaître et composer avec ma personnalité. J'ai la chance que ce soit quelqu'un de très souple et de très psychologue.

Avec Jean-Luc, nous échangeons en toute simplicité sur de nombreux sujets du quotidien. Il ne manque jamais de prendre des nouvelles de mes parents, de ma famille. Depuis la fin de mon parcours dans l'émission, malgré ses multiples occupations, il entretient la relation. C'est grâce à lui que nous nous retrouvons, ma famille et moi, à Port-de-Bouc sur le tournage de sa série *Léo Matteï, Brigade des mineurs*. Jean-Luc y tient le rôle principal, celui d'un commandant de police qui se porte au secours des enfants en danger. Ce jour-là, il mène l'interrogatoire de deux jeunes suspectés d'avoir trempé dans une affaire de meurtre. Je découvre, casque sur les oreilles, avec l'équipe technique, un univers bien différent de celui des jeux télévisés. Un univers où la patience est de mise : il faut faire et refaire les mêmes scènes jusqu'à trouver les bonnes émotions, le bon texte, la bonne gestuelle. À la fin du tournage, Jean-Luc vient nous rejoindre et nous passons un moment ensemble.

Une autre fois, nous nous retrouvons au Bataclan pour un concert de Jean-Louis Aubert. C'est Jean-Luc qui m'a appelé pour me dire que son ami chanteur m'invitait. Nous avons rendez-vous, mes parents et moi, dans l'après-midi au café qui jouxte la salle de concert. Jean-Louis Aubert nous y rejoint et se montre particulièrement sympathique. J'aime ses chansons, intenses, mélodieuses. Il me fait participer aux répétitions, je m'essaye au piano, puis aux Steelpan, ces espèces de casseroles à l'envers qui font des bruits étranges. Jean-Louis me dit que j'ai du potentiel, et ça me donne envie d'aller plus loin. Et puis surtout, je chante avec lui sa nouvelle et très belle chanson, *Artiste – Autiste* :

*Artiste, autiste*
*Une lettre change*
*Autiste, artiste*
*L'être dérange*

J'apprécie que des artistes aussi connus puissent se montrer sensibles à notre handicap et s'appuient sur leur notoriété pour faire passer des messages auprès du grand public. Ils aident à mieux faire connaître l'autisme et ils donnent de l'espoir à tous ceux qui sont concernés.

Le soir, Jean-Louis, qui a annoncé que j'étais présent dans la salle, me dédicace la chanson. Les gens semblent contents. Ils crient et ils applaudissent. C'est la première fois de ma vie que j'assiste à un concert, et je ne suis pas très à l'aise. Tout ce monde qui bouge, danse, tape des mains, le son très fort, les lumières qui balayent la salle mettent mes sens à rude épreuve et je sature vite. Mais j'ai envie de rester jusqu'au bout et je m'accroche. Jean-Luc Reichmann est avec nous. À la fin du concert, nous attendons un peu que la foule s'estompe, nous gagnons la sortie où l'on me sollicite pour quelques photos, puis nous reprenons la voiture direction Grenoble.

# Utopie forestière

Je m'imagine souvent m'émancipant de la ville et de la société. Je rêve de partir vivre au fond de la forêt, d'y construire une cabane tout en bois et de m'y retirer chaque fois que je ne me sens pas bien parmi les autres. Ce serait comme un refuge, le centre de ma pensée profonde. Un lieu où je pourrais me consacrer à l'écriture et à la méditation, à l'image de Thoreau, ce philosophe américain retiré dans une cabane au bord d'un lac à Concord dans le Massachusetts et qui trouvait son moteur dans la marche en forêt à laquelle il s'adonnait pendant de longues heures. Il avait su faire abstraction du matérialisme ambiant pour se consacrer à l'essentiel, invisible au regard, la relation entre l'Homme et la Nature. Il était un précurseur de l'écologie. Ça peut surprendre chez un garçon de mon âge, mais je suis dans cette démarche de fuir tout ce qui fait la société moderne, les technologies, le superflu, le bruit, la fête. Fuir le confort occidental. Qu'il ne soit là que pour me permettre de vivre dans des conditions propices à la réflexion. Je vois la ville comme une prison à laquelle il est difficile d'échapper, car où que j'aille, je me retrouve confronté à l'humain. J'ai toujours du mal, lorsque je me promène en forêt ou en montagne, à accepter la présence d'autrui. Je la vis comme une pollution, j'ai l'impression que l'on vient troubler ma quiétude. Je sais qu'il est illusoire d'imaginer un lieu où l'homme aurait peu d'emprise, j'aimerais pourtant que dans ma forêt sa présence soit jugulée. Qu'on n'y décèle ni ses traces, ni ses odeurs, qu'on ne l'entende pas. Qu'il ne vienne jamais dégrader la symbiose qui peut exister entre l'être humain qui sait y faire et la nature elle-même.

Pour autant, je n'imagine pas une vie de reclus sans aucun contact. L'isolement total n'est pas vivable, même pour quelqu'un comme moi. Dans ma cabane, il y aurait un vieux téléphone, type Graham Bell, qui me permettrait de maintenir une relation humaine sans me soumettre aux technologies modernes. J'apprécie les objets anciens et j'ai toujours plaisir à les faire revivre. J'envisagerais ponctuellement de recevoir de la visite, d'échanger, de partager mon expérience, car il ne peut s'agir que d'une expérience. C'est un fantasme dont je ne suis pas capable d'évaluer les conséquences, soit le succès et l'épanouis-sement, soit l'échec et la remise en cause de tout le système de pensée qui m'aurait conduit jusque-là. C'est pourquoi je commencerais tout seul ma vie expérimentale, même si à long terme je m'y projette en couple. Sous réserve, bien sûr, de dégoter une femme capable de vivre à l'écart des autres et de voir ma tête tous les matins…

Toutes les utopies ne sont pas réalisables. La mienne, c'est celle d'un garçon qui veut défendre ses convictions, suivre jusqu'au bout son mode de pensée, évoluer dans son propre monde. Celle d'un Asperger qui ne pourra pas vivre éternellement aux crochets de sa famille et qui doit sortir de cette tutelle. Depuis longtemps, je l'ai compris. Mes parents me le répètent avec une insistance parfois un peu lourde qui m'agace. Je sais qu'ils veulent me préparer à ma vie future, me faire comprendre qu'ils ne seront pas toujours là. Mais la décision de partir ne se prend pas à la légère. Il faut trouver le bon endroit, le milieu propice à mon bien-être. Et le choix de cet endroit n'appartient qu'à moi. J'ai besoin d'un lieu neutre où je pourrais ne retirer que l'essentiel de mon existence, réunir le spirituel, le philosophique, et le religieux.

On me demande parfois si je crois en Dieu. Je réponds que ma religion est universelle. C'est celle qui relie les êtres humains et permet de vivre en harmonie et en paix. Je me sens catholique, protestant, juif et musulman. Je crois en tout ce qui rapproche les hommes et nous emmène dans la bonne direction : ne pas tuer, ne pas mentir, ne pas voler, vivre dans l'amour de l'autre, toutes ces valeurs portées par les dix commandements. J'aimerais être l'apôtre de tout cela, moi qui suis incapable de mentir mais qui ai, hélas, une propension maladive à me laisser aller à des accès de violence. Je suis très admiratif de Gandhi, Mandela ou Martin Luther King, de leur choix de ne pas répondre à la violence par la violence, malgré les contextes de ségrégation et de barbarie dans lesquels ils ont vécu. Aujourd'hui, mon ressentiment à l'égard des travers de cette société est tel que je ne m'imagine pas réussir à être non-violent.

Alors oui, je crois en l'être divin. Il m'arrive de le prier, de lui réclamer de la clémence envers moi ou les autres. Mais c'est surtout lorsque je suis plongé dans un désarroi profond, dans ces moments où l'être humain ne peut m'apporter aucun soutien, que j'appelle et sens sa présence. Plusieurs fois, dans des moments difficiles de mon quotidien, j'ai eu l'impression d'être entendu. Je me souviens de ce jour où dans ma classe chacun passait à l'oral. Je ne voulais pas. Je ne pouvais pas. La moindre prise de parole en public est pour moi une terrible épreuve. Si je sais que le lendemain je vais devoir m'exprimer devant une assemblée, il m'est impossible de trouver le sommeil. Le pire moment, c'est celui où je sens que mon tour approche. C'est le degré extrême, le paroxysme de la torture. La détresse absolue. J'ai le cœur qui s'emballe, le corps tétanisé. Je suis incapable de suivre et d'écouter le cours, figé en attendant le moment de mon supplice. Je prie, espérant que l'on m'oublie. Ce jour-là, j'ai prié. La professeure avait sous les yeux la liste des élèves et méthodiquement appelait chacun d'entre nous. Lorsqu'a sonné la fin du cours, tout le monde avait été appelé, sauf moi, comme si mon nom avait été effacé, comme si j'avais été invisible. Il n'y avait aucune raison rationnelle à cela. Personne ne peut imaginer le soulagement que j'ai ressenti. Et j'ai remercié l'Être divin.

# Des montagnes de cadeaux

En ce premier jour de Tour de France, Zette vante les innombrables qualités du vélo à vingt-sept vitesses qui vient rejoindre la longue liste des cadeaux de l'Étoile mystérieuse. Puis, comme chaque jour, elle se lance dans l'énumération :

— La loveuse, la friteuse, les consoles de jeu, l'enceinte connectée, le robot-pâtissier, le kit bricolage, la guitare électrique, le four solaire, l'aspirateur, l'appareil-photo, le home cinéma avec la télé 4K…

Zette reprend son souffle et termine l'inventaire, sans omettre bien sûr de présenter « le » plus gros des cadeaux : la voiture.

— Valeur de l'Étoile aujourd'hui, 44 940 euros !

— Je laisse Paul se concentrer, annonce Jean-Luc Reichmann, parce que le moment est très, très, très important : il n'y a plus de case sur l'Étoile, vous êtes prêt ?

Je suis prêt. La photo de la personnalité sur laquelle je cale depuis plusieurs semaines apparaît, en petit, en bas de l'image.

— Que dit Paul, pour quasiment 15 000 euros

de cadeaux ? Ce qui permettrait à Paul de passer le cap des 300 000 euros…

Ça me fait sourire. Il n'y a déjà plus de suspense pour moi. Je sais que je l'ai.

— Eh bien, je vais dire Hugo Lloris, le gardien de l'équipe de France de football.

Roulement de tambour. Jean-Luc se tourne vers les gradins, et déclare solennellement « Décompte ! » Le public s'époumone, mains en avant, les cinq doigts levés.

— Cinq, quatre, trois, deux, un, Étoile !

L'Étoile se rallume et le verdict tombe :

— C'est la bonne réponse !

Sous un flot de musique et de lumière, il invite ma famille à me rejoindre, pendant que Zette explique tous les indices que contenait l'image et qui à eux seuls ne m'avaient pas permis d'identifier le footballeur. Je l'écoute attentivement, tandis que Jean-Luc me pousse vers la voiture.

— Oui, parce que Paul, il se moque de la voiture, il écoute vos indices !

Je m'installe au volant, et Jean-Luc rappelle que je n'ai toujours pas le permis de conduire, ce qui fait rire tout le monde. Pour ma part, je trouve que c'est plutôt déprimant. Malgré les trésors de persuasion déployés par ma mère pour m'envoyer aux leçons de code, je reste le plus souvent dans ma chambre. Au début, j'ai essayé. J'y ai même mis de la bonne volonté. Mais mes efforts se sont toujours soldés par des scores insuffisants. Je n'ai pas la construction mentale pour déjouer les pièges tendus aux apprentis conducteurs. Lorsqu'on corrige les épreuves et que j'entends le moniteur dire : « Un automobiliste classique ferait ça, mais… », je sais qu'encore une fois je suis tombé dans le panneau, et ça me démoralise, car sans le code, pas de permis, et sans le permis, pas la peine d'imaginer garder toutes ces voitures gagnées.

En attendant, je suis filmé, et ce n'est pas le moment d'avoir l'air déprimé ! Je remercie, dis que c'est trop, essaye de montrer au maximum ma satisfaction. Mais Jean-Luc a raison lorsqu'il dit que l'explication des indices prend le pas sur le plaisir d'avoir gagné. D'une manière générale, hormis les bouquins, tout ce qui est matériel ne suscite que peu d'intérêt chez moi. Il y a quand-même quelques exceptions. Sans pour autant sauter de joie, j'étais content de gagner mon ordinateur, le vélo électrique, le tableau numérique qui permet de télécharger les œuvres de nombreux peintres, la machine à pop-corn, l'iPhone X… Content, plutôt qu'heureux.

En tout, j'ai découvert six Étoiles, gagné six voitures et accumulé quelques montagnes de cadeaux. À chaque Étoile révélée, c'est toute une organisation qui doit se mettre en place, une logistique prise en charge par ma famille, et loin d'être de tout repos. Pour commencer, papa loue une camionnette et quitte Grenoble, direction la Plaine-Saint-Denis. Le chargement du matériel se fait après le dernier enregistrement, vers 21 h 30. Ensuite, il reprend la route et rentre directement à Grenoble, où tout doit être stocké avec soin. À deux reprises, j'ai l'occasion de l'accompagner. Nous roulons toute la nuit, et arrivons vers 5 heures du matin à destination. Épuisant ! Puis, c'est mon petit frère qui prend le relais, car tout ce que nous ne souhaitons pas garder doit être vendu. Nous avons rempli deux caves et un garage. Il met les annonces sur Le Bon Coin, gère les réponses et empoche dix pour cent au passage ! Quant aux voitures, nous avons fini par les vendre à un garage. Il sera toujours temps de m'en racheter une si un jour je me décide à passer le permis.

Le montant de mes gains et le nombre impressionnant de cadeaux remportés au fil des semaines font partie des sujets dont on me parle le plus. Les gens ont les yeux qui brillent lorsqu'ils évoquent les centaines de milliers d'euros gagnés en quelques mois. Je les sens heureux pour moi, s'identifiant peut-être et rêvant à la manière dont leur vie serait transformée s'ils étaient à ma place. Pour ma part, je les mets sagement de côté et les considère comme une sécurité pour mon avenir. Comme on pouvait s'y attendre, cet argent que je gagne à la vue de tous attire aussi les convoitises. Heureusement que mes parents sont là pour me mettre en garde et me préserver. Je ne suis pas armé pour détecter l'intention première de ceux qui viennent vers moi et, sans leur vigilance, je serais un appât de choix pour les escrocs. Le monde des neurotypiques est peuplé d'écueils, et je dois apprendre à me sortir de ce qui est une jungle à mes yeux. « L'homme est un loup pour l'homme », disait Thomas Hobbes, et c'est parce que je l'ai compris que je me garde de répondre à cette dame qui vient me solliciter sur Facebook. Je mets aussi un certain temps à mettre au jour les intentions de ce monsieur fort sympathique qui m'a reconnu et vient discuter avec moi au restaurant alors que je déjeune. Lorsque, avant de partir, il me remet son RIB et me demande un versement, les choses deviennent plus claires.

# Une fille du XIXᵉ siècle

Je suis étudiant parce qu'il n'y a qu'une alternative, poursuivre mes études ou aller travailler. J'ai choisi l'histoire comme une évidence, car c'est l'un de mes intérêts restreints, une sorte de passion obsessionnelle, inébranlable, comme peuvent en avoir les Asperger. Je ne me place pas dans l'optique d'en faire un métier plus tard, mais simplement d'étudier un domaine qui me plaît. Je ne me projette pas, je procède étape par étape, et la prochaine sera de décrocher ma licence. Ensuite, il sera bien temps de penser à un métier. Mon objectif n'est pas qu'il soit le plus valorisant ou le mieux rémunéré, juste que je m'y sente bien. Je ne suis pas inquiet pour mon avenir, je sais déjà énormément de choses. Pour les uns, je suis un monstre de culture, pour les autres, un nul, peu importe. Quoi qu'il arrive, accumuler du savoir sera la perpétuelle occupation de ma vie, et cela m'aidera. Je n'imagine pas arrêter d'apprendre, ne pas avoir autour de moi des piles de livres en attente d'être lus. Encore un de mes TOC, les japonais appellent ça le *Tsundoku*, ce besoin compulsif de garnir mes étagères d'ouvrages et d'en acquérir de nouveaux avant d'avoir tout lu. Lorsque je sens que la pile descend, il faut que je la complète. Un petit souci psychologique parmi d'autres… Dans ma chambre, les livres sont partout, sur le bureau, dans les tiroirs, derrière mon fauteuil. Depuis quatre ans je me suis découvert un nouvel engouement pour les biographies et j'en possède déjà toute une étagère. Les deux prochaines que je lirai sont celles de Picasso et de Bob Marley. Il y a aussi des dictionnaires, des encyclopédies, un très gros livre d'art que m'a offert l'équipe de la librairie Arthaud de Grenoble, l'un des plus complets que j'aie jamais vus. Il pèse une tonne, et je ne sais jamais où le ranger. On y découvre toutes les formes d'art, des plus primitives jusqu'au Pop Art, aux arts de la rue. Je suis très content de l'avoir. Il y a également une couverture, seule rescapée d'un livre déchiré lorsque j'étais petit. Je m'étais fait bien attraper par mon père ! Un acte inconcevable aujourd'hui, tant j'éprouve du respect pour les livres. Je l'ai gardée comme je conserve tout. Quand on entre dans ma chambre, on peut avoir l'impression que je suis un petit enfant puisque j'ai conservé tous mes jouets et mes cahiers d'écolier.

La librairie Arthaud, c'est une grosse part de ma vie depuis quatre ans, comme un refuge dans cette ville, un endroit où j'aime me retrouver, que j'aille bien ou mal, pour lire, acheter des livres, échanger avec les vendeurs, qui maintenant me connaissent bien. L'un d'entre eux, Karim, m'a envoyé un message d'encouragement pendant l'émission. Lorsque je pense à mon avenir professionnel, je me dis que c'est typiquement le genre d'environnement au sein duquel je pourrais m'épanouir, et qu'il me serait beaucoup moins compliqué de me plier à l'autorité dans un cadre qui éveillerait mon intérêt, parmi des collègues sympathiques.

Travailler au milieu des livres, ne jamais cesser de me cultiver et vivre au fin fond d'une forêt, voilà qui résume assez bien la vie à laquelle j'aspire.

Je me projetterais volontiers avec une femme et des enfants. Mais je peine à imaginer celle avec laquelle je pourrais m'entendre de manière durable, celle qui partagerait ma manière de penser, et surtout supporterait mon intransigeance. J'ai beau essayer, je ne sais pas faire de concessions. Lorsque j'exprime une idée, je tolère mal que l'autre ne soit pas d'accord. Pour moi, cela signifie qu'il n'a pas poussé la réflexion assez loin pour se ranger à mon avis. Je sais que je manque d'indulgence et qu'il m'arrive de ne pas me montrer très sympathique, mais je ne peux pas m'empêcher de trouver de bonnes raisons à ce comportement. Cela peut dangereusement envenimer les choses dans une relation au quotidien.

J'aimerais pourtant rencontrer la bonne personne et je sais que ma médiatisation pourrait m'y aider. Maintenant, ce sont les filles qui viennent vers moi, et ça m'est beaucoup plus simple d'établir le contact. Épisodiquement, je me rends à un rendez-vous. Pour l'instant, le résultat n'est pas brillant. Le plus souvent nous ne sommes pas sur la même longueur d'onde, et je sens bien que les filles ont des difficultés à me comprendre, une philosophie différente. Il y a tant de choses que j'ai du mal à accepter chez les gens de ma génération, à commencer par cette habitude compulsive de pianoter sur un téléphone. Une fille qui passe sa vie le nez sur son écran, sans prêter attention à son entourage, c'est éliminatoire ! C'est un psychiatre qu'il lui faut, pas un garçon. Ce ne sont pas les valeurs que je défends, et je me sentirais plus seul encore avec elle.

Comme je suis assez casanier, si elle aime sortir en boîte, voir souvent des amis, aller dans les bars, au restaurant, si elle aime bien fumer, boire, ça coincera inévitablement. Ma vision de l'amusement, ce serait plutôt de passer un bon moment autour d'un jeu de société ou d'un petit quiz de culture générale, avec une tasse de thé ou un jus d'orange. Aller au musée, lire. Et puis se défouler en pratiquant un sport. Je ne suis pas sûr que tout cela fasse vraiment rêver. Ce qui est vécu comme de l'amusement chez une personne avec autisme est, au mieux, un moment de détente pour un neurotypique, et au pire une atroce corvée.

Éliminatoire aussi une mauvaise maîtrise de la langue française. Il me faudrait une fille avec un bon niveau de langage et de réflexion, et qui ait sa propre philosophie, proche de la mienne évidemment.

En fait, je cherche une fille du XIX^e siècle. Autant dire que ma quête s'annonce fastidieuse. J'ai dû me tromper d'époque. Mon esprit reste tourné vers le passé, et j'ai autant de mal à voir les bons côtés du présent qu'à envisager l'avenir. Ce monde est trop connecté pour moi. La technologie censée nous rapprocher nous éloigne et nous sépare. On ne prête plus attention à la présence de l'autre, on n'est plus dans le partage ni la fraternité. Je regrette l'agora, le forum, les places publiques antiques, les rassemblements populaires, ou les salons mondains du XIX^e, dans lesquels on vous introduisait. Tout cela n'existe plus, et c'est très compliqué pour des gens comme moi de créer des relations. Je ne sais pas quelle époque et quel mode de vie m'auraient le mieux convenu. Peut-être retiré parmi les moines d'une abbaye au XIII^e siècle ?

Quand je pense à l'idée que je me fais de la femme idéale, je me rends bien compte que je nage en plein délire. Des filles comme ça, ça n'existe pas, du moins je n'en ai rencontré aucune. Il y a toujours un couac. Quant aux rencontres d'un jour ou d'un soir, elles ne m'intéressent pas. J'ai besoin de temps pour apprendre à connaître l'autre, se parler, faire des activités ensemble, s'apprivoiser. Certaines filles que je n'ai vues qu'une fois ont peut-être pensé qu'elles n'étaient que des conquêtes d'un jour ou d'un soir. C'est faire l'impasse sur la richesse des échanges que nous avons pu avoir même sur un temps limité, sur ce que nous avons fait ensemble au long de la journée, même si je n'ai pas forcément eu l'envie ou la possibilité de les revoir. Je ne peux pas concevoir les femmes comme des objets de désir et je trouverais blessant qu'elles puissent le penser.

Une fois, une seule, j'ai engagé une vraie relation. Nous nous étions parlé pendant des semaines sur Internet. Selon toute vraisemblance nous partagions les mêmes valeurs. Sans jamais nous être vus, tout nous semblait possible. Alors nous avons décidé de nous rencontrer à Paris. Nous avons passé une très bonne journée, et l'entente me semblait parfaite. Le soir j'ai osé lui demander si elle considérait que nous étions ensemble, et elle a répondu oui. Mais le lendemain, elle m'a expliqué que la distance qui nous séparait n'était pas compatible avec l'année d'études qui l'attendait et qu'elle préférait choisir ses études. Mon unique relation a tenu trente-huit heures. Déprimant !

# Messages de stars

Sur le grand écran des *Douze Coups de midi* apparaît un somptueux jardin à la française. Au premier plan, un visage familier, celui de Stéphane Bern :

— Cher Paul, je suis actuellement en tournage de « Secrets d'Histoire » au château de Vaux-le-Vicomte et je voulais en profiter pour vous adresser toutes mes félicitations pour votre parcours dans *Les Douze Coups de midi*. Je suis impressionné par l'étendue de vos connaissances alors que vous êtes encore très jeune et je vous souhaite un brillant parcours.

Il me souhaite bonne chance et conclut par un souriant :

— Et surtout, gagnez !

Ce message me touche énormément. Fidèle téléspectateur de « Secrets d'Histoire », j'aime beaucoup Stéphane Bern. J'apprécie surtout la ferveur qu'il met dans chacune de ses interventions. Au-delà des contenus, toujours intéressants, il règne une ambiance particulière dans cette émission, des images magnifiques, l'intérieur des palais, les jardins, les châteaux, une musique qui colle parfaitement aux sujets. J'aime aussi la voix de la narratrice, qui, je le découvre avec surprise, n'est autre que notre Zette des *Douze Coups de midi*.

C'est la première fois qu'une personnalité m'envoie un message et j'en suis ravi. Plusieurs autres suivront. Claudia Tagbo enregistre quelques mots sur le téléphone de Jean-Luc Reichmann. L'humoriste regarde l'émission, et elle m'encourage : « Un régal, un enchantement, j'adore ! » Même Mireille Mathieu, qui est une fidèle des *Douze Coups de midi*, s'adresse à moi depuis la Russie.

— Bonjour, Paul, je suis à Moscou sur la place Rouge. J'ai suivi vos exploits cet été et je dois vous dire que vous êtes éblouissant. Toute la France est derrière vous, fascinée par votre savoir, votre connaissance, votre humour et votre immense gentillesse. Vous êtes le tsar des *Douze Coups de midi*. Je vous embrasse affectueusement, ainsi que Jean-Luc et toute son équipe. Bravo, Paul, vous êtes le super champion !

Toutes ces attentions me vont droit au cœur, tout comme le courrier que je reçois de la part d'Yves Saint Martin, le plus grand jockey français. Lorsque sa lettre arrive, je me dis qu'il s'agit probablement d'un homonyme. Tout cela me semble tellement incroyable. Mais son contenu ne laisse aucun doute, c'est bien le champion qui me regarde régulièrement avec son épouse et se dit admiratif de ma grande culture. Voilà de quoi me donner un peu plus confiance en moi et m'encourager à tenir bon.

Les *primes*, qui réunissent des invités prestigieux, sont aussi l'occasion d'approcher des personnalités. Ce sont des émissions spéciales, plus longues, diffusées à 21 heures, en plein pic d'audience, avec plus de décors, de lumières, de bruit. Sensoriellement, c'est lourd à gérer. Pendant ces cinq mois d'émissions j'ai déjà l'impression de soulever des montagnes. Avec les *primes*, je franchis un degré supplémentaire. Le tournage dure cinq heures, c'est interminable.

Mireille Mathieu de retour en France est présente pour le *prime* de Noël. Elle m'a rapporté quelques cadeaux, une icône, un recueil de poèmes illustrés de Pouchkine, et Saint Basile le Bienheureux en boîte à musique. Son émotion au moment de me les remettre est communicative. Claudia Tagbo est là également, elle me fait la bise. À chaque fois, des personnalités sont invitées pour représenter les associations pour lesquelles nous jouons. Arsène Wenger, Romain Colucci, Liane Foly sont présents. Il y a aussi Kev Adams, Amel Bent, Slimane, Vitaa, Michael Youn. Ils sont là pour mettre de l'ambiance. Je trouve amusant de pouvoir approcher ces gens, de les connaître un peu mieux. Certains se comportent comme des gens normaux, d'autres ont davantage besoin d'être dans la lumière. Ils suscitent chez les candidats des réactions très diverses. Il y a ceux qui se pressent pour prendre des photos et d'autres plus indifférents.

Pour ma part, je reste un peu en retrait. Je suis content, mais pas non plus euphorique. Ce qui m'importe avant tout, c'est de rester concentré et de bien répondre aux questions. Je sais que pour la plupart des invités, ces *primes* sont une partie de franche rigolade, mais pour moi c'est l'esprit de compétition qui l'emporte. J'y vois l'occasion de me frotter à d'anciens Maîtres de midi, Hakim, Benoît, Xavier, Timothée… Ce sont les meilleurs, et j'ai envie de les défier. *Prime* ou pas, je suis là pour jouer, et gagner. J'ai jusque-là participé à deux tournages, celui de l'été, alors que j'étais encore dans le jeu, et celui de Noël, pour lequel je suis revenu. Je me suis incliné au premier, mais j'ai remporté le second. J'attends les prochains avec impatience.

# Mon indépendance

À deux reprises déjà, j'ai eu l'occasion d'habiter seul. Deux tentatives d'autonomie au résultat pour le moins mitigé. La première fois, c'est à l'été 2017, juste après le bac. Avec mes parents, nous nous étions mis en quête d'une expérience qui me permette de tester mes capacités d'indépendance, dans un domaine professionnel qui me convienne. Voilà que nous tombons sur une offre de service civique qui semble faite pour moi et correspondre en tout point à mes centres d'intérêt. Il s'agit de rejoindre la petite équipe du musée archéologique de Die, dans la Drôme, un lieu qui présente l'une des plus importantes collections archéologiques de la région Rhône-Alpes. Après un entretien avec le conservateur, je signe un contrat de huit mois et rencontre les quatre personnes qui gèrent la structure. J'habite un studio dans un endroit un peu isolé, au-dessus de l'école de musique, et je suis aux premières loges pour suivre les leçons de piano et de guitare de l'autre côté du mur. Le soir venu, c'est le grand silence.

Il s'agit d'une expérience inédite. Non seulement, je me trouve dans un lieu nouveau et donc par essence perturbant, mais je n'ai personne sur qui m'appuyer en cas de difficulté. Je dois apprendre à me gérer, à respecter les horaires, à me faire la cuisine. Et surtout, je me frotte pour la première fois à un véritable environnement professionnel, avec l'obligation de faire ce qu'on me demande sans pouvoir discuter. J'ai toujours beaucoup de mal avec l'autorité, surtout quand je considère que les arguments avancés ne sont pas les bons. Ça me rend irascible, insupportable. Assez vite, je suis en désaccord avec les consignes que je reçois et je le fais savoir. Ma relation avec les autres en souffre et le climat se détériore. Lorsque ma journée est terminée, j'aurais bien besoin de réconfort, mais c'est tout le contraire qui m'attend. Mes soirées, tout seul au-dessus de l'école, sont déprimantes. Tout cela me ronge de l'intérieur. Les visites régulières de mes grands-parents ne suffisent pas à me faire tenir, et en septembre je jette l'éponge. Je n'aurai pas la force d'aller au-delà de ces trois premiers mois. Tant pour ma famille que pour moi, c'est une déception. Pourtant, je parviens à relativiser. Certes, je suis loin d'avoir été au bout de mon contrat, mais pendant douze semaines je me suis confronté à cette nouvelle expérience, ce qui à l'aune de mon handicap est déjà une forme de réussite. Nous avions sûrement commis une erreur en ne prévenant pas mon employeur que j'étais Asperger, et maman s'en est excusée. Cela aurait peut-être facilité notre relation. Mais s'il avait su, qui sait s'il m'aurait choisi ?

Quelque temps plus tard, je tente de nouveau l'expérience de l'indépendance en emménageant dans un studio de la résidence universitaire de Grenoble. La fin du lycée et la découverte de la vie d'étudiant m'ont entraîné dans un nouvel épisode dépressif. À la maison, les relations se sont tendues. Nous sommes convenus, pour notre équilibre à tous, qu'il serait préférable que je prenne un peu le large. Me voilà pour la seconde fois seul chez moi, à essayer de me trouver des occupations. Je fais mes courses, je prépare mes repas et je tourne en rond. Je me rends compte que ma pseudo-liberté est une prison. Je peux sortir, mais pour aller où ? Et parler à qui ? J'ai un appartement au milieu d'autres appartements, je suis un étudiant au milieu d'autres étudiants. Un parmi tant d'autres. J'ai tôt fait de comprendre que je ne pourrai pas m'épanouir seul ici et lorsque je m'engage dans l'aventure des *Douze Coups de midi* je réintègre l'appartement familial. Comme si pour être bien j'avais besoin d'avoir quelqu'un à embêter... C'est en tout cas mon ressenti lorsque je suis chez mes parents, cette impression d'être le parasite, celui qui donne son avis et qui critique. Non pas que je veuille nuire ou m'acharner, mais simplement exprimer une position qui va trop souvent à l'encontre de ce que pensent les autres, en réaction à tout ce qui me semble stupide ou irrationnel. Je le fais sans mauvaise intention, avec l'honnêteté sans filtre qui me caractérise. Les sujets de friction sont nombreux avec les deux adolescents que sont mon frère et ma sœur. Je voudrais juste qu'ils arrêtent de penser que la vie ce sont les jeux vidéo et le téléphone. Mais malgré toutes mes explications, je me heurte à des murs. On me retourne des arguments sans valeur, et on me taxe d'intransigeance. L'incompréhension qu'on m'oppose a le don de m'exaspérer. À table, les conversations tournent souvent au pugilat. Il y a toujours un sujet qui dérape. On crie, on s'écharpe, on s'invective, c'est l'escalade. Parce que j'ai dit une vérité, parce que j'ai corrigé un propos qui me semblait manquer de clarté ou de logique, je me mets tout le monde à dos. Mon intention n'était pas d'être blessant, mais juste de dire la réalité des choses. Pour les neurotypiques, ce n'est pas facile à entendre. Selon ma mère, je suis Monsieur J'ai-toujours-raison. Moi, je me perçois plutôt comme Paul l'Incompris.

Cette mauvaise qualité de dialogue avec ma famille me peine d'autant plus qu'elle n'est pas compensée par de la tendresse physique. Les câlins et les bisous, ce n'est pas trop mon truc. Ce sont pourtant les gens qui comptent le plus pour moi. Mais logiquement, ce sont aussi ceux avec lesquels je me montre le plus exigeant. Quand l'incompréhension est trop grande et trop difficile à supporter, que la rancœur s'accumule, c'est mon agressivité qui prend le dessus. Je ne suis capable d'aucun recul. Si quelqu'un m'énerve, c'est à la société entière que j'en veux. C'est moi contre le reste du monde. Dans ces cas-là, nous nous sommes mis d'accord pour que je m'éloigne.

À défaut d'aller habiter ailleurs, je prends mes repas tout seul, le temps que les tensions retombent.

Il serait faux de penser que la différence est plus facile à vivre au sein d'une famille que dans la société. Elle nécessite en permanence de gros efforts d'adaptation de part et d'autre.

# Les réseaux sociaux

— Aujourd'hui, notre Maître de midi fête ses cent-neuf émissions. Et du sang neuf, il en a. À vingt-ans seulement, c'est à nos yeux le plus grand de tous les Maîtres de midi de tous les temps. C'est le plus jeune, c'est un étudiant, c'est un Grenoblois. C'est qui ? C'est Wiki ! Pauuuul !

Je serre la main de Jean-Luc Reichmann que plus rien n'arrête :

—Wiki, wiki, wiki, wiki, wiki Pauuuul !

— Eh oui, ajoute Zette, cent neuvième participation du gars qui a la Wiki-attitude, et la cagnotte déchaînée de 491 898 euros !

Dans les coulisses je me suis adonné à un petit calcul que je révèle sur le plateau :

— Depuis mon arrivée dans l'émission j'ai répondu à plus de mille sept cents questions. Et au Coup de Maître, cinq cent quarante questions…

Cent neuf émissions déjà ! Je n'ai pas vu le temps passer. J'ai des dizaines de journées d'enregistrement à mon actif, et toute cette somme de questions et de réponses m'a mené jusque-là, à un niveau du jeu que jamais je n'aurais pensé pouvoir atteindre. Sans me sentir tout à fait détendu, l'appréhension des débuts a disparu. Je suis moins stressé, moins gauche, et même si je m'efforce toujours de ne pas relâcher mon attention, je n'hésite pas à plaisanter lorsque l'occasion se présente. Pour le public, je suis devenu Paul le champion, celui dont on se demande jusqu'où il sera capable d'aller, suscitant chez les uns, les plus nombreux, admiration et compliments, et provoquant chez d'autres agacement et rejet. Car tel est le lot de tous ceux qui se retrouvent du jour au lendemain propulsés sur le devant de la scène télévisuelle.

En quelques mois de participation, j'ai souvent eu l'occasion d'aller me balader sur les réseaux sociaux. Yohann, qui a une grande expérience du sujet, note que jamais un Maître de midi n'a recueilli autant de commentaires positifs. Il est vrai que j'ai lu beaucoup de messages très sympathiques et bienveillants, mais j'ai également découvert de nombreuses critiques, parfois d'une très grande méchanceté.

*« Xavier, lui, n'a pas eu besoin de la maladie pour savoir toutes ces choses. »*

*« Arrêtez de dire que Paul a une grande culture alors qu'il lit les réponses ! »*

Il y a aussi les insultes, souvent humiliantes, *« l'attardé »*, *« le con »*… Je sais qu'il faudrait éviter de les lire, mais c'est plus fort que moi. À chaque fois mon moral en prend un coup, et l'être humain me déçoit un peu plus. Qu'y a-t-il à espérer de ces gens animés par la seule envie de faire mal ?

Au bout de tant de semaines de présence, certains souhaiteraient me voir partir : « *Y'en a marre, du Paul. Qu'il dégage !* » « *Bientôt débarrassés de ce pantin ! Sûr qu'il laissera des traces (négatives) dans cette émission, ce gugusse !* » Même si ça me contrarie, je ne suis pas choqué qu'au bout de tant d'émissions certains éprouvent une certaine lassitude à mon égard. Je m'en ouvre à Jean-Luc :

— Je comprends que le public soit pour que je sorte. Ça soûle un peu… Les gens voudraient peut-être qu'il y ait un peu de changement, qu'il y ait d'autres personnes qui gagnent. Je comprends.

Jean-Luc, lui, se veut rassurant.

— En ce moment, Paul, c'est totalement justifié que vous soyez là, parce que vous avez des connaissances complètement dingues.

Sur le ton de la plaisanterie, je le rassure à mon tour.

— Mais je reste, hein, ne vous inquiétez pas !

Pour rien au monde je ne laisserais ma place. Je suis un compétiteur. Mon plaisir c'est d'aller le plus loin possible, et tant pis pour ceux qui en ont marre.

On raconte aussi qu'on me souffle les réponses dans l'oreillette, que je ne suis bon qu'en histoire, incapable de répondre sur les autres sujets. C'est d'autant plus énervant que c'est complètement faux, et je ne me prive pas de le faire remarquer à Jean-Luc, après avoir donné la bonne réponse à une question portant sur le football anglais :

— C'est du sport !

L'animateur pose sur moi un regard interrogateur :

— Pourquoi il dit que c'est du sport, là ?

— Ben, pour ceux qui critiquent… Qui disent que je ne connais rien à part l'histoire. Je regarde beaucoup de sport. C'est du n'importe quoi, cette idée. Juste parce que je développe en histoire, je ne connais que l'histoire. Ça, c'est des débiles !

Et toc ! Jean-Luc se marre, et je suis soulagé.

Les nombreux messages que je reçois directement sur ma page Facebook sont heureusement très encourageants. Ils viennent essentiellement de gens qui regardent l'émission et veulent échanger quelques mots. C'est l'un des aspects les plus positifs de ma participation aux *Douze Coups de midi* : pour la première fois de ma vie je noue des relations. C'est pour moi une aventure humaine aussi incroyable qu'inattendue. Je fais la connaissance de gens ouverts, attentifs, qui ont envie de mieux me connaître. Je comprends aussi qu'il me faudra faire un tri, choisir à qui je réponds, avec qui je converse, car certains se font pressants et m'inondent de messages. Ils m'apprécient mais me harcèlent, ont une attitude de fan dépourvu de discernement. Ils prétendent s'identifier à tout ce que je dis ou fais, me trouver « tellement intelligent », « tellement beau ». J'ai le sentiment qu'ils m'idéalisent, me sacralisent. À mes yeux, tout cela est grotesque et dérangeant. Au début, ne voulant ignorer personne, je me suis senti obligé de jouer le jeu et de leur répondre. Mais je me suis rapidement aperçu que je mettais le doigt dans un engrenage sans fin. Plus ça va, plus ils en demandent. Avec ceux-là, il faut couper les ponts le plus vite possible.

# Ma philosophie

— Allez, Paul, on y va !

Au musée, il y a toujours un impatient pour me rappeler qu'il faut avancer. Je comprends que ce soit assez pénible de devoir toujours m'attendre, mais il m'est insupportable de quitter un musée sans avoir pu apprécier la totalité de ses collections, et je ressens une immense frustration si je passe devant un tableau sans prendre le temps de l'examiner attentivement. J'ai l'impression d'avoir loupé quelque chose, d'être passé à côté d'informations qui auraient pu m'intéresser. Si c'est un musée immense, je me fais plus facilement une raison. Au Louvre, par exemple, je sais qu'il me sera impossible de tout voir et, même s'il m'en coûte, je peux me résoudre à traverser toute une salle sans rien regarder.

Ce sont surtout les paysages, les scènes historiques, les tableaux pourvus d'une dimension symbolique qui captent mon attention. Comme lorsque je lis un récit, je me plonge au cœur de l'œuvre. Je suis dans le tableau, auprès des personnages. Dans *le Massacre de Chios*, de Delacroix, je me projette au milieu du chaos, parmi ces Grecs blessés, affamés. Je vis leur drame. Je visualise chaque détail, chaque personnage. Je rassemble mes connaissances sur le peintre, sur le contexte historique de la guerre pour mieux appréhender la scène. J'aime m'asseoir devant les paysages d'Arcadie, me projeter dans ces vastes étendues d'herbe qui semblent faites pour s'allonger. C'est quelque chose de transcendantal. Je me perds dans les méandres de l'œuvre. Je fuis cet endroit rempli de monde, pour marcher dans ces prairies, traverser ces forêts, me retrouver parmi les bergers, les animaux. Je suis ce sentier, pénètre dans un château au loin, imagine la vie à l'intérieur. C'est beau, dépaysant, c'est un rayon de soleil qui perce les nuages. Je suis en paix, en parfaite communion avec la nature. Je suis sous l'eau, submergé par *La Vague* d'Hokusai. Pour bien comprendre l'art, il faut une puissance de projection et d'imagination. Je conçois que se rendre au musée puisse être une corvée si l'on n'a pas cette faculté, mais j'ai du mal à comprendre qu'on puisse y être totalement insensible. Tous les arts m'intéressent. La musique classique suscite en moi beaucoup d'émotion. Elle accentue mes sentiments, ma nostalgie, mon mal-être, mon envie, ma véhémence. Ma folie. Quant à la littérature, elle m'est indispensable. Lire, mais aussi écrire. Parfois, lorsque je ne suis pas bien, je ressens le besoin de prendre la plume. Je prends plaisir à mettre en écriture, calligraphier, sentir ma main avancer sur le papier. Cela attise mon inspiration. J'écris sur la douloureuse quête du bonheur. Je pense qu'on écrit d'abord pour soi-même. On couche ses idées sur papier et on se dit que sa propre réflexion pourra peut-être en aider d'autres. Ce serait une piste intéressante pour ma vie future, dans cette thébaïde où j'envisage de me retirer. Il me plairait aussi de donner vie à des personnages sur fond de réalité historique. Depuis quatre ans, je construis, pas à pas, une histoire dont je n'ai pour l'instant parlé à personne. Je me contente de la graver méthodiquement au fond de ma mémoire. Son héros s'appelle Aaron Silverman, un Israélien menacé de mort parce qu'il se bat pour la réunification de la Palestine et d'Israël. Il a fui aux États-Unis où il est l'un des compagnons d'Emma Watson dans son engagement à l'ONU pour l'égalité hommes-femmes. Albinos, très grand, deux mètres neuf, il a deux frères, des jumeaux, et parle cinq langues. Je m'amuse à inventer sa vie et laisser courir mon imagination, sans trop savoir où mon personnage me mènera.

J'aimerais aussi écrire des anthologies et des dictionnaires thématiques. Les personnalités mortes jeunes, les personnages insolites de l'Histoire, les philosophes... Dresser des listes, les plus complètes possibles, avec l'objectif jubilatoire d'atteindre l'exhaustivité. Comme de nombreuses personnes avec autisme, dresser des listes me passionne et me rassure. Je pourrais m'y consacrer pendant des heures. Et pourquoi pas aussi rédiger des essais, des manifestes à visée philosophique. C'est un domaine qui m'a toujours attiré, mais c'est en 2015, au moment où je suis arrivé à Grenoble et où j'ai connu cette très grosse dépression, que mon intérêt pour la philosophie s'est accru. J'ai lu de nombreux auteurs, et particulièrement Schopenhauer, Thoreau, Nietzsche. Ils m'ont éclairé sur moi-même, sur ce que je pouvais ressentir à un moment où ma vie devenait une impasse. Ils m'ont apporté du réconfort et m'ont aidé à aiguiser mon sens critique. Ils m'ont aussi éloigné un peu plus des autres, en creusant le gouffre qui nous sépare. Ma philosophie, c'est celle du pessimisme, une manière d'envisager l'avenir sous un angle négatif, le moyen en quelque sorte de se préserver de la déception et de l'influence humaine. Quand on envisage le pire, on ne peut qu'être agréablement surpris. Poursuivre un but en y mettant trop de cœur parce qu'on est certain qu'on réussira, c'est s'exposer à un échec destructeur. Les pessimistes semblent obscurs, ténébreux, sans doute un peu arriérés. En retrait du monde, ils sont souvent misanthropes. Le suis-je vraiment ? Quand ça va mal, je dénigre l'espèce humaine. Lorsque je vais bien, j'ai l'impression de le jouer plus que de l'être. Il serait honnête de reconnaître que certaines personnes font des choses bien, malgré l'état de la planète, malgré l'irrationalité qui régit l'action de l'homme en général. Je suis tiraillé entre l'envie de faire des efforts pour être au milieu des hommes, me faire des amis, ou continuer dans cette voie plus rigoriste et puritaine, qui me convient parfaitement, mais m'isole du monde.

Participer aux *Douze Coups de midi* a un peu ébranlé ma philosophie du pessimisme. J'étais très sceptique sur le fait de me rendre à la télévision, dans un univers que je trouvais superficiel et individualiste, en contradiction totale avec mon mode de pensée. Pourtant, sans me changer du tout au tout, le jeu m'a aidé à évoluer, à m'ouvrir aux autres, à mieux me considérer, à prendre du plaisir même. Qu'on ne s'y trompe pas, un pessimiste est parfois content. Comme les autres, je suis capable de rire, de plaisanter, d'être joyeux.

# La journée d'un
# Maître de midi

— En 1507, quel roi de France a fait de Léonard de Vinci son peintre et ingénieur personnel, Louis XII, François I$^{er}$, Henri II, ou Henri III ?

— C'est Louis XII. D'ailleurs, il y a une inversion.

Sourcil levé, Jean-Luc Reichmann me lance un regard interrogateur.

— C'est-à-dire ?

— C'est le nom d'Henri II qui est sous le portrait d'Henri III et Henri III sous celui d'Henri II.

Jean-Luc se prend la tête à deux mains.

— Qu'est-ce qu'il dit, qu'est-ce qu'il dit, qu'est-ce qu'il dit ?

Le public éclate de rire. Une erreur comme celle-là aurait facilement pu passer inaperçue, mais avec mon excellente mémoire visuelle, ce genre de détail ne peut pas m'échapper. J'adore m'adonner à ce jeu qui consiste à deviner, à partir d'un portrait, de qui il s'agit. Je me trompe rarement. Je me souviens d'avoir scotché mes camarades en 2015, alors que j'étais en voyage linguistique en Angleterre avec d'autres ados. Au

British Museum, j'avais immédiatement reconnu la statue de l'empereur romain Septime Sévère, et ça avait produit son petit effet.

Jean-Luc plaisante, dit que je vais mettre toute la production au chômage. Je poursuis, sur un ton d'excuse.

— Je n'aurais peut-être pas dû le dire, du coup ?

— Paul, on dit toujours la vérité !

Je me suis fait une spécialité de relever les petites erreurs parfois commises par ceux qui préparent l'émission, et à chaque fois Jean-Luc en rajoute, transformant mes remarques en moments comiques, comme par exemple lorsqu'ils oublient le *c* à Erwin Schrödinger, ou qu'ils écrivent Théodore Monod avec un *t* à la fin.

— Ah oui, c'est la boulette ! renchérit Zette.

Peu à peu, une complicité s'est installée sur le plateau entre Jean-Luc, Zette, le public et moi. Au fil du temps l'ambiance devient de plus en plus détendue et, pour moi, presque familiale. L'enregistrement des émissions suit désormais un rituel rassurant. J'arrive au studio vers 10 heures, je traîne un peu dans les couloirs, je fais le tour des loges pour saluer tout le monde. J'échange avec les nouveaux candidats, parfois nous faisons quelques photos. La plupart sont très détendus, ils viennent là pour s'amuser et ne se mettent pas la pression. Il y a ceux qui déclarent qu'ils n'ont aucune chance face à moi, ceux qui me demandent en riant de ne pas être trop méchant. Certains ont des réactions inattendues. Je pense en particulier à Pierre, le policier belge. Pendant l'enregistrement, lorsque Jean-Luc a commencé à parler de moi, il s'est montré très ému et il a mis un genou à terre, comme par respect. Il portait un très joli petit nœud papillon en bois qu'il m'a offert en guise de porte-bonheur.

Le matin, Yohann me briefe sur les anecdotes à préparer en fonction du thème du jour. Que ce soit la Journée de la danse, celle de la femme ou la Saint-Patrick, il faut trouver quelque chose à dire, et ce n'est pas toujours évident d'avoir des idées.

Dans les coulisses, chacun œuvre à sa tâche, c'est une vraie fourmilière. Un peu avant 13 h 15 je me présente en haut de l'estrade qui surplombe le plateau, prêt à descendre l'escalier dès que le générique sera lancé. Entre chaque enregistrement je remonte dans les loges et je me change. Dans le quart d'heure qui sépare chaque émission, j'enfile systématiquement un nouveau T-shirt, parfois un autre pantalon. Pas question d'avoir la même tenue cinq jours de suite ! Je n'ai pas une minute à perdre, d'autant que j'ai pris l'habitude de déjeuner entre la première et la deuxième émission. À chaque fois, je dois passer par le fameux raccord maquillage, qui est loin d'être mon moment préféré, tant je déteste qu'on me mette des produits sur le visage, mais je n'ai pas le choix, il faut éviter de briller – au sens propre – à l'image. La case coiffeur n'est pas non plus négociable, et je suffoque lorsqu'on me met de la laque sur les cheveux, mais je dois reconnaître qu'ils sont très forts pour soumettre ma crinière rebelle. Je suis admiratif de leur travail. Ils ne chôment pas avec les quinze autres candidats dont il faut s'occuper. Tous ces moments de préparation, s'ajoutant aux cinq tournages successifs, rythment des journées bien remplies. Entre la troisième et la quatrième émission, la pause est un peu plus longue. J'ai une demi-heure devant moi et j'en profite parfois pour m'allonger sur le canapé de ma loge, histoire de récupérer un peu. Les deux derniers enregistrements sont les plus difficiles, et ça se voit à l'image. J'apparais les traits tirés, face à de nouveaux candidats tout frais. Le soir, après avoir sacrifié aux nécessaires formalités administratives, et signé une dizaine de paperasses incontournables pour pouvoir toucher l'argent ou les cadeaux que j'ai gagnés, lorsque je m'assieds enfin dans le taxi qui me ramène à l'hôtel, tout mon corps réclame le repos.

Quand vient le mois de juin, le rythme s'intensifie encore. Il faut prendre de l'avance pour l'été. Nous passons de trois à quatre jours de tournages par semaine. Vingt émissions ! La fatigue se fait plus intense. Je suis moins concentré, plus irritable. Le Maître de midi n'est plus vraiment maître de lui-même, et la pause des vacances arrive à point nommé.

# Le mouton décapité

C'est au Maroc que se situe une partie de mes origines. Je m'appelle El Kharrat, papa se prénomme Ali, c'est un peu de ma culture. Je ne dirais pas que je m'y sens comme chez moi, car je n'y vais pas assez souvent et qu'il y a la langue, les traditions, un mode de vie difficiles à assimiler lorsqu'on vit aussi loin, mais j'aime y aller. J'ai de bons souvenirs de vacances dans la maison qu'habitait ma grand-mère à Fès, dans les souks, ou avec mes cousins à la plage à Safi. Et pourtant, mon premier contact avec le Maroc s'est révélé assez traumatisant. De ce voyage chez ma grand-mère, il me reste deux photos. Sur la première, on voit ma tête catastrophée, horrifiée. Sur la seconde, il y a un mouton sans tête. J'ai un an, et toute la famille est réunie pour fêter l'arrivée du premier fils d'Ali et de Sophie. Comme le veut la coutume, en guise de bienvenue, on égorge un mouton dans la cave et on le pend pendant quelques jours dans la cour en attendant de le cuisiner. D'autres images fortes me reviennent. La tête d'un mouton dans le bouillon. À force de mijoter on ne voit bientôt plus que le crâne… Sur le coup, ça a explosé mon cerveau. Pas tellement étonnant quand on connaît mon rapport aux animaux. La dernière fois de ma vie que j'ai pleuré, j'avais quatorze ans. C'était le 13 octobre 2013, le jour de la mort d'Éclair. Éclair était un chat. Je ne veux pas dire « mon » chat, car, pour moi, l'homme ne peut pas être le propriétaire d'un autre animal. Éclair est mort empoisonné par de la mort-aux-rats. Mon chagrin a été immense.

Je ne sais pas si ce pauvre mouton de ma petite enfance y est pour quelque chose, mais la cause animale est devenue l'un de mes combats. Depuis près de deux ans, j'adhère à l'une des plus grandes ONG dans le domaine de la protection de l'environnement, le WWF[1]. Je l'ai choisie parce qu'elle est l'organisme de la protection animale par excellence. J'aimerais être en mesure de militer pour la dignité animale et pour l'environnement, dans ce monde qui n'est qu'une gigantesque course à l'argent. Je ne conçois pas que l'homme puisse faire main basse sur toutes les ressources de la terre et les monnayer pour son profit. La planète nous fournit tout ce qui est nécessaire à la vie, les animaux se servent dans la nature, et pourtant des hommes meurent parce qu'ils n'ont pas l'argent nécessaire pour assurer leur survie ! C'est révoltant. Ce système délirant qui régit notre monde ne me convient pas. S'il y a bien un message que je souhaiterais transmettre aux

1. Fonds Mondial pour la Nature.

autistes, c'est qu'il faut se battre pour intégrer cette société, car on n'a pas vraiment le choix, et faire tout ce qu'on peut pour l'améliorer. Ne jamais rien lâcher, même quand tout semble perdu.

Pour ces raisons, on me trouve parfois des points communs avec une autre Asperger bien connue, Greta Thunberg. Je suis content qu'elle ait trouvé le moyen de faire passer des messages forts pour préserver l'environnement et faire évoluer les esprits. Certains la jugent durement parce qu'ils pensent qu'elle n'est qu'un pantin aux mains des altermondialistes et des écologistes, mais l'essentiel ce sont les idées qu'elle porte, et celles-ci sont dignes d'être écoutées, puisqu'elles vont dans la bonne direction, celle de l'amélioration des conditions de vie et du ralentissement drastique du réchauffement climatique. La puissance de son engagement va bien au-delà du fait qu'elle soit Asperger, même si elle dit que c'est son « superpouvoir ». Elle est d'abord portée par cette vocation de protection de la nature. Son syndrome est une aide supplémentaire, un moteur, car les Asperger vont toujours jusqu'au bout. Nous avons un potentiel inépuisable, une capacité exceptionnelle à nous dépasser lorsqu'il s'agit de servir nos intérêts dits restreints et à aller bien au-delà de ce qu'aurait pu faire n'importe quel neurotypique. Ce serait dommage de ne pas en profiter, surtout lorsqu'il s'agit de s'engager pour des causes aussi fondamentales.

# Le sacrifice de la mouche

C'est le moment du « Face à face », et mon adversaire a bien du mal à se concentrer. C'est une mouche qui est responsable de son trouble. Depuis un moment elle décrit des volutes autour de lui. Le public s'en amuse, et Jean-Luc Reichmann saisit l'occasion. Il s'approche et, d'un geste vif, lève le bras, ouvre la main, la referme. Quand il desserre les doigts, la mouche, minuscule, tombe au sol. Les rires fusent sur le plateau, dans une ambiance jeux du cirque. Comme si l'animateur venait de mettre à mort un redoutable prédateur sous les acclamations de la foule en délire. Pour ma part, je serre les dents. Je trouve ça aussi ridicule que pitoyable ! Je suis fâché, indigné, autant par l'acte que par la réaction de l'assistance. Suis-je le seul à ressentir cette barbarie, cette impression d'être à la corrida ? La joie du public attise ma rage. J'essaye de me focaliser sur le jeu, gagne le « Face à face », expédie le Coup de Maître et remonte dans ma loge. Hors de moi. Je ne peux plus continuer. J'arrête. Je rentre. Fin de l'histoire.

Dans les coulisses, c'est l'affolement. Yohann

est très ennuyé. Il tâche de me raisonner, m'explique que je ne peux pas abandonner comme ça. Comme toujours après avoir pété un plomb, je garde la tête baissée, l'air sombre, taciturne. Même ma voix n'est plus la même, plus sourde, plus faible.

Ma mère, arrivée entre-temps, a été prévenue par Guy, l'agent de sécurité. Lui, si calme et maître de lui-même d'habitude, ne cache pas son inquiétude. Il lui explique que si elle a une petite influence sur moi, c'est le moment de le montrer. Je la sens assez paniquée lorsqu'elle me rejoint dans la loge. Elle tente de me ramener à la raison, m'explique qu'il y a des gestes absurdes comme celui-là, des automatismes malheureux, qui ne sont pas du tout réfléchis. Et puis elle me met face à mes responsabilités. Si je suis tellement fâché, il n'y a rien de plus simple que de prendre ma valise et de rentrer à Grenoble. Mais si je claque la porte des *Douze Coups*, ç'en sera fini de cette belle aventure...

Lorsque je relève la tête, elle voit du défi dans mon regard :

— Je n'en ai pas fini avec ce jeu !

Yohann décide d'aller parler à Jean-Luc qui monte me voir. Il me présente ses excuses. Je sens que tout le monde est retourné par cette histoire.

J'accepte de redescendre sur le plateau, je fais le job. L'ambiance n'est pas à la franche rigolade, la tension est encore un peu palpable, mais l'émission se passe bien. Ce genre d'incident est typique de ma personnalité. Il n'y a rien à faire, à la moindre contrariété, tout peut partir en vrille, pour des choses insignifiantes aux yeux des autres, mais qui ont de l'importance aux miens. Je ne m'énerve jamais sans raison. Il y a toujours un élément déclencheur : un acte, un mot, une attitude… J'ai beau essayer de relativiser – ôter la vie d'une mouche, il y a pire, tout le monde le fait –, je ne peux contrôler la vague de colère qui déferle en moi. Car un tel acte, aussi anodin soit-il, reflète tout un système de pensée. C'est le fruit d'une hiérarchisation des êtres vivants à laquelle je ne peux adhérer. On considère que certains animaux ne servent à rien. On ne tue pas un chat, mais on tue une mouche. C'est tout ce système que je voudrais balayer, et cette société qui ne peut concevoir qu'on s'attarde sur ce qu'elle relègue au rang de détail. Je voudrais que chacune de mes crises, de mes révoltes, serve à lever le voile sur toutes ces absurdités. Je le prends comme une mission. Vous faire voir le monde, juste une fois, avec mon regard d'Asperger.

# Second degré

Parce que chaque personne avec autisme est différente, il est impossible de dresser une liste exhaustive des mesures à mettre en place ou des comportements à adopter pour favoriser notre intégration dans la société. Cependant, certaines attentions ou précautions faciliteraient grandement la vie d'une majorité d'entre nous. L'environnement dans lequel nous évoluons est capital. Notre sensibilité sensorielle est particulièrement développée, et pour notre bien-être il faudrait privilégier les faibles niveaux sonores et de luminosité. Certains supermarchés ont eu la bonne idée de l'expérimenter. Après 18 heures, lorsqu'il y a moins de monde, ils baissent la lumière et la sonorisation. Pour les autistes, il s'agit d'un progrès inestimable. Dans un monde où il est d'usage de ne pas s'adapter à la différence, je ne peux que saluer ce genre d'initiative. Pour ma part, avec le temps, je me suis habitué à sortir faire les courses dans les grandes surfaces. J'apprécie quand il y a peu de monde et à vrai dire j'adorerais qu'il n'y ait personne. Mais à force d'être au contact des autres j'ai appris à faire comme s'ils n'étaient plus là, jusqu'à ne presque plus les voir. Parfois, au contraire, je m'applique à les regarder, les scruter, les détailler. C'est une autre manière de m'occuper et de supporter leur présence.

Le bien-être d'un Aspie nécessite planification et organisation. Si vous voulez nous adoucir la vie, ne changez pas nos habitudes. Tout ce qui vient briser l'ordre et la routine est générateur d'un grand stress. Lorsque je suis confronté à un changement de dernière minute, je ressens à la fois une profonde déception de ne pouvoir faire ce à quoi je m'étais préparé et une angoisse de devoir affronter l'imprévu. De la même manière, je suis très attaché au respect des horaires, ceux des repas par exemple ou ceux de la fin des cours. Si un cours doit durer deux heures, quel que soit l'intérêt du sujet, cela me demandera beaucoup d'efforts de maintenir une attention soutenue. L'heure de fin deviendra le but ultime à atteindre, le moment de la délivrance. Un retard, aussi minime soit-il, n'en sera que plus insupportable, et deux petites minutes peuvent suffire à me faire perdre le contrôle, au point parfois que je ne peux pas me retenir de sortir. J'ai souvent vécu cette situation et connu cette angoisse, cette impression de suffoquer parce que le professeur avait débordé.

Autre trait qui nous caractérise : une totale imperméabilité au second degré, probablement à l'origine des plus gros malentendus entre les neurotypiques et les Asperger. Nous ne sommes pas équipés pour déceler et comprendre cette forme d'humour, et vous semblez peu enclins à l'admettre. Comme s'il suffisait de dire « *Vas-y, comprends cette blague !* » pour que tout devienne limpide. Comment vous faire accepter qu'il nous est impossible de discerner les sous-entendus, le sens caché de certains propos, de déceler l'ironie ? Par pitié, lorsque vous vous laissez aller au second degré, prévenez-nous et, surtout, prenez le temps de nous expliquer.

Il y a quelque temps, une amie est venue à Grenoble pour me rendre visite. Elle avait réservé une petite location pour le week-end, et nous devions faire des sorties. Nous avons passé le vendredi soir ensemble, et le samedi matin je me suis reposé. En me voyant sortir en début d'après-midi, ma mère m'a demandé où j'allais. Lorsque je lui ai annoncé que je partais jouer comme chaque semaine au club *Questions pour un champion* elle m'a expliqué que ça ne se faisait pas : mon amie était venue pour me voir, le matin j'étais resté tard au lit, je ne devais pas la laisser seule également l'après-midi. Voilà le genre de subtilité qui peut tout à fait m'échapper. Comme le choix était difficile pour moi, je lui ai proposé de m'accompagner au club. Je pensais que c'était une bonne idée, mais le soir mon père m'a sermonné : j'aurais dû faire totalement l'impasse sur le club. Fort de cette leçon, lorsqu'une autre amie est venue passer un week-end quelque temps plus tard, j'ai choisi de ne pas aller à mon rendez-vous au

SAMSAH[1] pour pouvoir me balader avec elle. J'étais convaincu de bien faire. Je me suis encore fait attraper par mes parents car je n'aurais pas dû manquer ce rendez-vous ! J'étais assez énervé, mais ma mère m'a expliqué la différence entre le fait de manquer une séance de jeu et celui de ne pas me rendre à un rendez-vous médical. Pour un Asperger, cette échelle de valeurs est très compliquée à mettre en perspective. Je fais de mon mieux pour comprendre et intégrer toutes ces règles, mais cela exige à chaque fois de ma part une attention soutenue.

L'autisme est un handicap, pas une maladie. Il est impossible d'en guérir, mais on peut réduire la distance qui nous sépare de vous, et diminuer certaines incompréhensions à défaut de les dissiper totalement. Pour ce faire, il faut nous accompagner, nous donner les clés. Cela nécessite que nous soyons dans de bonnes dispositions psychologiques et intellectuelles, dans des situations favorables, avec des personnes de confiance. Nous avons besoin de soutien, et d'encouragements. J'ai remarqué qu'on me dit rarement lorsque je fais des choses bien, parce que, pour tout le monde, c'est juste normal. C'est ignorer le degré d'engagement, l'énergie déployée pour me conformer à cette norme. Lorsque mes parents me voyaient jouer aux *Douze Coups de midi* et réussir, ils se disaient simplement que je me faisais plaisir et que c'était bien ainsi. Mais

1. SAMSAH : Service d'accompagnement médico-social pour adultes handicapés.

lorsqu'ils sentaient que j'allais moins bien, que j'étais au bord de la crise, ils ne manquaient jamais de me faire savoir qu'il fallait que je me reprenne. Une telle attitude, très commune face aux autistes, est vraiment décourageante. J'ai besoin que l'on soit conscient du mal que je me donne pour essayer d'être « comme tout le monde ». J'ai besoin aussi que l'on me reconnaisse le droit d'avoir mes tunnels de négativité, car ils font partie de ma personnalité. Je ne peux pas passer ma vie à imiter les neurotypiques pour entrer dans la norme. Comme tout un chacun, je voudrais simplement être moi-même, reconnu en tant que tel et accepté malgré mes différences.

C'est douloureux de sentir que l'on est regardé de travers, d'être parfois celui qu'on n'a pas envie de connaître, de comprendre chaque jour un peu plus que l'on ne retient de nous que le négatif, ce qui nous met en marge de la société. Il serait tellement plus productif de privilégier le bon côté de notre handicap. C'est ce que m'a permis de mettre en avant ma participation aux *Douze Coups de midi*. Ceux qui ont suivi mon parcours perçoivent sans doute plus facilement ce que je veux dire. Ne serait-ce que pour ça, mes cinq mois d'exposition à la télévision n'auront pas été inutiles.

# La chute

— Je vais provoquer Paul !

Jean-Charles, un jeune candidat nordiste, vient d'échouer sur une question portant sur le nom du chef indien Seattle dont la ville américaine a tiré son nom. Sans hésiter, avec un petit sourire de défi, il me choisit pour le duel. C'est l'avant-dernier enregistrement de la journée et mes nerfs ont été mis à rude épreuve. Déjà, à plusieurs reprises aujourd'hui, d'autres candidats m'ont désigné, et je m'en suis chaque fois sorti vainqueur. Même si j'y suis habitué, le duel est toujours un moment de tension particulier. Je lâche un « *On reprend du service !* » résigné et écoute avec attention la question posée par Jean-Luc Reichmann. Un à un, il cite en les imitant quatre hommes d'État français dont les photographies apparaissent à l'écran.

— Charles de Gaulle, Georges Pompidou, Valéry Giscard d'Estaing, Alain Poher. Qui a été deux fois président de la République sans jamais être élu ?

Courbé au-dessus de mon pupitre, je prends le temps de la réflexion. Jean-Luc me relance. Je marque encore quelques secondes d'hésitation, puis me décide :

— Charles de Gaulle !

Le visage de Jean-Luc Reichmann reste étrangement fermé. Perturbé par son expression, j'explique, comme pour le convaincre et me convaincre moi-même :

— Y'a que lui… Georges Pompidou a été président une fois, Giscard d'Estaing une fois, de 1974 à 1981, et Poher était président du Sénat et a remplacé le président de la République.

Je sens bien à l'attitude de Jean-Luc qu'il y a quelque chose qui ne va pas, mais je ne vois pas quoi. Agacé, je continue d'argumenter, mais je sens que je ne convaincs pas. Jean-Luc reprend, lentement, solennellement.

— La réponse, aujourd'hui, est…

Silence complet sur le plateau. À l'écran, le nom de De Gaulle, que je viens de choisir, vire au rouge. Des exclamations de stupeur s'élèvent du public. Tout le monde l'a compris, je suis éliminé. Mon palmarès n'ira pas au-delà de cent cinquante-deux victoires.

— C'était Alain Poher.

Je tords le nez.

— Aïe, aïe, aïe, aïe, aïe ! Eh bien, c'est Jean-Charles qui fait tomber Paul aujourd'hui.

Mon adversaire esquisse un sourire gêné et ne sait quelle contenance adopter. Le public ne masque pas sa consternation, il y a de la tristesse sur les visages. Jean-Luc me félicite, souligne combien mon parcours a été extraordinaire. Tout le monde se lève et m'applaudit. C'est un moment très particulier, personne n'est véritablement à l'aise, moi le premier. Même la voix de Zette est un peu voilée lorsqu'elle explique qu'Alain Poher a été deux fois président de la République par intérim et n'a donc jamais été élu. Je dois me rendre à l'évidence, c'était une question à ma portée, et je l'ai comprise de travers. Jean-Luc me félicite encore.

— Je voudrais quand même qu'on applaudisse un homme, un vrai, qui s'appelle Paul, qui a fait un parcours extraordinaire… Paul, c'était un bonheur, un plaisir. Quelque chose de tellement fantastique… Je ne sais pas quoi vous dire tellement je suis heureux de ce parcours de cinq mois que vous avez fait à nos côtés.

Mon sourire revient. C'est vrai, c'était un beau parcours. Je n'ai rien à regretter.

— Je suis très content que vous le preniez comme ça, Paul. C'est vrai que tout le monde s'est acharné. Les candidats ont tenté leur chance…

Non, on ne m'a rien épargné tout au long de cette dernière journée, mais cela fait partie du jeu. Je savais que ce jour viendrait, mais je ne m'attendais pas à ce que ce soit aujourd'hui, et je n'en avais surtout aucune envie. Moi qui étais arrivé sans objectif particulier, je commençais à m'imaginer prendre la tête du classement des *Douze Coups de midi* et devenir le numéro un de toute l'histoire du jeu. Il s'en sera fallu de peu, dommage !

— J'ai fait une confusion… Voilà !

Je m'en veux, mais rien ne sert de regretter. Jean-Luc poursuit ses compliments, souligne le marathon qu'ont représenté ces cinq mois d'émission. Puis, comme je l'ai vu faire avec des centaines de candidats, il m'invite à aller m'asseoir dans le public. Drôle d'impression. Autour de moi, des gens pleurent. Dans les regards, je lis de la tristesse, du respect, de la sympathie. Autant de signes bienveillants qui me rappellent qu'au-delà de tous les obstacles contournés, de la fatigue accumulée, des messages parfois difficiles à accepter sur les réseaux sociaux, je viens de vivre la plus incroyable aventure humaine de toute mon existence. Moi, l'Asperger si malhabile dans les interactions sociales, confronté au quotidien à mon incapacité à établir des relations avec les autres, j'ai reçu en cinq mois bien plus de témoignages d'intérêt et de soutien que n'en recevront la plupart des neurotypiques dans toute leur vie.

Pour l'instant, le jeu continue. Alors que la deuxième manche est en cours, Jean-Luc Reichmann se tourne vers moi :

— Alors, Paul, ça fait quoi d'être dans le public ?

Sans filtre, comme à mon habitude, je lâche un « Ça fait chier ! » qui provoque l'hilarité générale et détend l'ambiance un peu grave du moment. Je suis toujours présent pour le tournage de la dernière émission, et j'y reçois un chèque géant de 691 522 euros, cumul de tous mes gains et cadeaux depuis le mois d'avril. Zette se lance dans l'interprétation d'une chanson qu'elle a spécialement écrite pour moi *Il en faut beaucoup pour être Paul*, sur un air emprunté au dessin animé *Le Livre de la jungle* :

*Une mémoire inégalée*
*Une bonne dose de spontanéité*
*Une sensibilité exacerbée*
*Paul*

Je quitte l'aventure sous les applaudissements de tout le monde alors que Jean-Charles remporte sa deuxième victoire. Dans les coulisses, je retrouve maman, que Yohann a prévenue de ma défaite. En arrivant au studio, deux dames du public l'ont prise dans leurs bras en pleurant. Toute l'équipe est très émue. Pour eux aussi l'aventure a été intense, et des liens forts se sont tissés. Au moment de quitter le studio, Jean-Luc, qui a vu la tristesse du public, demande à Romuald, son garde du corps, de m'accompagner jusqu'à la voiture, pour éviter qu'une foule trop grande me réclame photos et autographes.

En rentrant à l'hôtel, maman est en larmes. J'essaye de la réconforter. Je sais qu'elle ne pleure pas parce que j'ai perdu au jeu. Elle pleure sur mon bonheur passé, elle qui a si bien compris à quel point ces quelques mois m'ont fait du bien. Sans doute les plus heureux de ma vie.

# L'heure du bilan

J'ai bien aimé être au centre de l'attention, susciter de l'admiration et recevoir des mots gentils. J'ai pris du plaisir à montrer que j'étais l'un des meilleurs, bien loin de l'attardé que certains voyaient en moi. J'ai apprécié éveiller de l'intérêt et de la joie chez tous ces gens qui me suivaient et me soutenaient. Ce jeu était un défi tellement éloigné de mon ordinaire. Il m'a sorti de l'ombre dans laquelle j'étais plongé. Jamais, de toute ma vie, je n'avais connu de moment aussi lumineux. Grâce à cette expérience, je me suis convaincu que j'étais capable de me dépasser, de canaliser mes émotions, de gérer mon stress. Capable de supporter le regard des autres, de nouer des relations. Capable d'être heureux.

La somme de ce que j'ai appris est considérable : faire abstraction de mon environnement, trouver le calme intérieur, écouter et respecter des consignes… Ce sera un moteur pour ma vie future.

La télévision n'est pas la vraie vie. J'étais dans une bulle de rêve, entouré, écouté. Pendant six mois, ma vie était un jeu. Quand la bulle a explosé, il m'a fallu du temps pour comprendre. Lorsque j'ai rouvert les yeux, les lumières s'étaient éteintes. J'ai compris que c'était fini, irrévocable. Je me suis vu, installé sur ma chaise comme n'importe quel étudiant, anonyme au milieu des autres. De septembre à décembre, replié sur moi-même et en plein désarroi, incapable de retourner à l'université, j'ai ressassé les images de mon bonheur passé jusqu'à sombrer dans une nouvelle dépression. La transition entre le jeu et le retour aux études était trop douloureuse. Le manque, la sensation de vide, la nostalgie des bons moments m'ont terriblement atteint, au point que si c'était à refaire, je me dis parfois que j'hésiterais à m'engager à nouveau de peur d'avoir à subir la vacuité de l'après.

Le 20 janvier 2020, à force de stimulation, de ma part comme de celle de mes parents, j'ai repris mes études. J'ai réussi à mettre de côté la période de jeu, à retrouver un certain équilibre. N'ayant pas passé de partiels pendant ma participation aux *Douze Coups de midi*, j'ai pris beaucoup de retard, mais peu importe. Je veux juste tenir bon, décrocher ma licence d'histoire. Aujourd'hui, j'ai envie de privilégier ma tranquillité. Je suis fier de ce que j'ai accompli. Ma vie sociale a été transformée, et je suis à l'abri du besoin. Je n'ai rien à regretter. En étant présent à la télévision pendant six mois, j'ai aussi réussi à faire parler de l'autisme. Certains l'ont apprécié, d'autres l'ont regretté. J'ai reçu de nombreux témoignages. À la fin d'un enregistrement une candidate est allée serrer ma mère dans ses bras, avant de lui confier : « *Je comprends. Mon fils a trente ans, il est Asperger.* » Le jour de ma défaite, une jeune fille, Aouatif, est allée vers elle en larmes. Elle lui a confié qu'elle avait fait le déplacement pour me rencontrer et me remercier de lui avoir ouvert les yeux. C'est en regardant l'émission qu'elle avait compris qu'elle était atteinte du même syndrome que moi. Depuis, elle avait été diagnostiquée Asperger. Sa présence sur le plateau était planifiée depuis des semaines, elle devait se lever dans le public pour raconter son histoire et nous remercier ma mère et moi. Pas de chance, j'ai été éliminé la veille de son passage. Nous avons pu l'inviter sur le *prime* de Noël, nous sommes toujours en contact. Sur les réseaux sociaux, des parents ont aussi expliqué que je ne représentais pas l'autisme. Telle n'était pas mon ambition, et je sais que par rapport à ceux que l'on appelle les autistes de haut niveau, les autistes Kanner, avec des troubles lourds, je pourrais presque passer pour un privilégié. Je comprends que certains aient ressenti de l'agacement ou du désespoir par rapport à la situation de leur enfant. Mais je sais qu'il y a aussi de jeunes autistes, Asperger essentiellement, qui ont vu en moi une source d'espoir et un modèle à suivre, et ça n'a pas de prix. J'espère qu'ils ont compris que lorsqu'on a des rêves, si on s'en donne les moyens et qu'on est maintenu à flot psychologiquement, on peut les réaliser.

Pour améliorer encore mon rapport aux autres,

je suis depuis peu des ateliers d'habileté sociale au SAMSAH. J'y retrouve des étudiants Aspie de mon âge. Nous sommes quatre. L'objectif est d'apprendre à nous connaître, de partager des activités, des sorties en ville, en montagne, de nous aider mutuellement car nous sommes dans la même situation neurologique. Dans le groupe, je suis celui qui parle le plus facilement. J'espère que cela m'aidera à nouer des amitiés.

Je n'ai pas complètement coupé les ponts avec *Les Douze Coups de midi*. J'ai été invité au tournage des *primes*, j'ai participé en début d'année à de nouvelles sélections à Grenoble, non plus comme candidat, mais comme correcteur des épreuves, et j'y ai pris beaucoup de plaisir. C'est moi qui ai annoncé les noms des dix sélectionnés, et lorsque je suis parti des dizaines de personnes faisaient la queue pour prendre des photos avec moi.

À l'occasion d'un voyage à Paris pendant les vacances de février, je suis également retourné en studio et j'ai participé à un tournage dans le public. Tout le monde était content de me revoir, et ça m'a fait du bien. Sur le coup mes parents ont mal réagi, ils ne voulaient pas que j'y aille. Ils ont eu peur qu'à peine sorti de ma période de dépression, cela me fasse replonger. Leur mise en garde m'a fait réfléchir, mais je leur en ai voulu de se focaliser sur leurs craintes plutôt que sur le côté positif des retrouvailles. J'étais content d'y aller, et l'équipe était heureuse de me revoir.

Pour satisfaire mon goût du jeu et continuer

de mettre à l'épreuve mes connaissances, je me suis inscrit au club *Questions pour un champion* d'Eybens, près de Grenoble. Plusieurs fois par semaine, j'y rencontre des gens qui ont le même niveau d'intérêt que moi pour la culture générale. Ils sont tous plus âgés, mais ça ne me gêne pas. Il faut dire que lorsque j'échange sur des sujets culturels avec des gens de mon âge, il n'y a que moi qui parle, et j'ennuie tout le monde. Au club, nous sommes sur la même longueur d'onde, et les réunions se tiennent dans une ambiance chaleureuse. Pendant la partie, la pression est bien moindre que sur le plateau de TF1, même s'il y a toujours quelqu'un pour s'acharner sur le buzzer et me déconcentrer au mauvais moment. Je connais de nouveau le plaisir de mesurer mes connaissances à celles des autres, et mon esprit de compétiteur reprend le dessus. J'enchaîne les étapes, « neuf points gagnants », « quatre à la suite », « face à face ». Je suis dans mon élément, dans un environnement qui me convient, et je me dis que c'est un bon entraînement si je veux un jour tenter ma chance à l'émission de France 3. Car je dois bien vous avouer qu'il m'arrive d'y penser.

# Ma cent cinquante-troisième victoire

Mon doigt court sur la vitre embuée de la cabine de douche. C'est déjà le moment de tracer les trois lettres du mot FIN. Vous savez maintenant presque tout de l'extraterrestre que je suis. Vous connaissez les grands moments de ma courte existence, les pages les plus marquantes de mes vingt et une premières années. Nous avons voyagé ensemble à la Réunion, à la Martinique, vous m'avez accompagné à Grenoble. Vous avez regardé le petit Paul *faire le foufou* et se heurter à l'incompréhension des gens « normaux ». Vous avez suivi Paul le Shérif dans les coulisses de cette fantastique aventure des *Douze Coups de midi*.

Je me suis efforcé surtout de vous faire partager le quotidien chaotique d'un Asperger, et vous aurez sans doute entrevu un côté moins léger de ma personnalité, différent de l'image de celui que vous avez suivi pendant quelques mois à la télévision. Ceux qui me connaissent, mes proches, me découvriront peut-être plus sombre encore ou plus solitaire qu'ils ne me voient au quotidien. Parce qu'on peut se sentir seul en étant entouré, parce qu'on peut chantonner souvent malgré ses idées noires, parce qu'on peut rire et plaisanter mais être en déphasage avec la société. Qu'ils pardonnent mon intransigeance, je ne sais pas tricher. Quand je vais bien, je sais ce que je leur dois. Vous regardez le monde avec vos yeux de neurotypiques. Je vous l'ai raconté avec mon regard d'Asperger et je suis heureux d'avoir pu vous entraîner dans ce voyage peu banal au pays de la différence, de vous avoir fait entrevoir nos difficultés et les efforts nécessaires à tous niveaux si l'on veut un jour réussir à nous intégrer.

C'est une étape de plus après mon passage sur TF1, l'occasion de vous donner quelques clés supplémentaires pour mieux nous comprendre, un clin d'œil aux autres Aspies pour nous sentir moins isolés. Un treizième coup de midi, en quelque sorte, comme un porte-bonheur.

Ma cent cinquante-troisième victoire.

# Un an plus tard

Déjà une année que ce livre est sorti pour la première fois. Douze mois de rencontres, de belles aventures, de surprises, d'embûches parfois, avec cette crise sanitaire qui n'en finit pas et un confinement qui a bien failli me faire basculer dans une nouvelle dépression. Je ne supporte pas d'être enfermé contre mon gré. J'y ai sacrifié l'espoir de terminer ma licence. L'enseignement à distance n'est pas fait pour moi. La conséquence heureuse, c'est que je me suis réfugié dans l'écriture, porté par le succès de *Ma 153ᵉ victoire*. L'intérêt du public pour mon histoire s'est révélé bien plus important que je n'aurais osé l'imaginer, dépassant largement celui des fidèles téléspectateurs des *Douze Coups de midi*. On envisage même aujourd'hui de l'adapter en téléfilm. Non seulement le tourbillon dans lequel m'avait entraîné ma performance dans l'émission de TF1 ne s'est pas arrêté, mais il s'est amplifié.

Covid oblige, les rencontres avec mes lecteurs se sont trouvées réduites à portion congrue. Seules rescapées : une journée à Auxerre, et le moment que j'attendais tant, celui qui m'a permis de dédicacer mon livre chez Arthaud à Grenoble, dans cette librairie si chère à mon cœur et que je considère un peu comme ma deuxième maison tant j'y ai passé de temps depuis notre arrivée dans la ville en 2015.

Ce 19 septembre 2020, on m'a installé au rez-de-chaussée, derrière une petite table, avec ma pile de livres. Les gens font la queue pour obtenir une signature ou prendre l'inévitable photo. Je me prête au jeu de bonne grâce et goûte au plaisir de retrouver quelques-uns de mes professeurs qui ont fait le déplacement pour me revoir, tout comme l'infirmière de mon ancien lycée, Mme Sage, ou encore plusieurs connaissances de mon club *Questions pour un champion*.

Au mois de juin dernier, le déconfinement aidant, je suis invité le temps d'un week-end au Festival des livres et des stars à Paris. J'y mesure à nouveau ma chance d'être autant apprécié du public. Le samedi, une longue file d'attente se presse devant ma table. Le lendemain, toutefois, la fréquentation se fait moins dense. La présence de Michel Drucker, à deux pas de là, a capté toutes les attentions. Inutile de lutter, je vais pouvoir me reposer un peu.

La sortie du livre m'a également offert l'occasion de bénéficier d'une exposition médiatique exceptionnelle. Je donne des interviews pour la presse écrite et numérique, et je suis invité sur les plateaux de télévision et dans les studios de radio. RTL, Europe 1, France Info, TF1, France 2… Je réponds aux questions de Thomas Sotto, Yann Barthès, Anne-Élisabeth Lemoine, Faustine Bollaert. Je retrouve Anne Roumanoff, que j'avais déjà rencontrée aux *Douze Coups de midi* et qui avait été dans mon équipe lors d'un *prime*. Mon passage chez Flavie Flament sur RTL fait réagir les réseaux sociaux. Les internautes soulignent l'attitude protectrice de l'animatrice et certains crient à l'infantilisation. Il est vrai que Flavie me parle un peu comme à un enfant parfois. « Et dis-moi, Paul, tu as une amoureuse ? » Ça me fait rire. Les sujets abordés par les uns et les autres se ressemblent : mon parcours aux *Douze Coups de midi*, mes connaissances en culture générale, l'autisme. Les journalistes se montrent bienveillants. Je me suis habitué à l'exercice et ne ressens presque plus d'appréhension au moment de passer à l'antenne. Mathieu Johann, qui collabore avec HarperCollins, a pris en charge la promotion du livre. Avec Anthony Quittot, son associé, ils me proposent de devenir mes agents et nourrissent pour moi quelques ambitions. Mathieu me trouve des projets. Grâce à lui, je vais participer aux *Club des invincibles*, la nouvelle émission de Nagui, et me lancer dans l'aventure de *Fort Boyard*. Anthony m'accompagne partout et facilite mon quotidien. Il devient mon complice indispensable.

L'invitation de Laurent Ruquier aux *Enfants de la télé* fait partie des bons souvenirs de cette période. Je suis heureux de rencontrer l'animateur que j'ai si souvent regardé en famille lorsqu'il présentait *On n'est pas couché*. Une rencontre décisive, puisque quelques jours après mon passage sur le plateau de l'émission, Laurent recontacte Mathieu : il aimerait que je fasse un essai aux *Grosses Têtes*, qu'il pilote sur RTL. Admiratif de ma culture générale, amusé par ma capacité à répondre du tac au tac à de nombreuses questions, impressionné sans doute aussi par mon jeune âge – je serai le cadet depuis le lancement en 1977 –, il voit en moi un élément complémentaire de son équipe de joyeux drilles, pompeusement appelée « les sociétaires ». En patron de l'émission, Laurent coordonne avec talent chaque casting, afin de composer ces plateaux drôles et détonants qui font le succès des *Grosses Têtes* depuis plusieurs décennies. Une alchimie qui nécessite de trouver les bons dosages. C'est lui aussi qui veille à maintenir l'équilibre entre chaque intervenant et à faire en sorte que sa bande de bavards ne se coupe pas trop la parole, pour que le résultat final reste compréhensible. Il faut tenir la promesse pas si évidente de l'émission : se cultiver en proposant une franche partie de rigolade !

Le 20 novembre 2020, je me retrouve donc derrière mon pupitre avec à ma droite Michèle Bernier et Jeanfi Janssens, et face à moi Franck Ferrand, Caroline Diament et Stéphane Plaza. Au centre du plateau, renversé sur son confortable fauteuil rouge, déclenchant les applaudissements et distribuant la parole, le maître de cérémonie,

Laurent Ruquier, tout sourire, me présente à mes nouveaux camarades :

— Il vient nous voir pour la première fois après 152 victoires dans le jeu *Les Démons de midi*. Il a publié un livre qui s'appelle *Ma 153e victoire* où il raconte comment un jeu télé a transformé sa vie d'autiste asperger. Je vous demande d'encourager et d'applaudir Paul El Kharrat !

J'explose de rire et corrige Laurent : ce sont les *Douze Coups de midi*, pas *Les Démons de midi*. Michèle Bernier saisit la balle au bond.

— En même temps, dans le démon de midi il y a souvent douze coups !

Le ton est donné. Les rires fusent sur le plateau, et je suis immédiatement plongé dans l'ambiance. Puis vient un petit échange entre Franck Ferrand et moi sur Paul Claudel, l'auteur du *Soulier de satin* et ambassadeur au Japon, provoquant cette remarque que m'adresse Jeanfi Janssens :

— C'est marrant, mais tu n'as dit que deux phrases et on a déjà tous l'air con !

C'est une très bonne surprise pour moi de me retrouver en présence de Franck Ferrand. Nous partageons la même passion. J'admire son extrême érudition dès qu'on aborde l'histoire de France et j'éprouve une certaine satisfaction à être plus rapide que lui parfois lorsqu'une question porte sur une date. Cette première prestation semble convenir à Laurent et, quelque temps plus tard, il me confirme officiellement comme « nouveau sociétaire » des *Grosses Têtes*. Je lui en suis infiniment reconnaissant. Avec maintenant plus de trente émissions au compteur, j'ai appris les fondamentaux de la radio : parler distinctement, suffisamment fort, éviter les apartés, et surtout, ne pas perdre de vue l'essentiel, penser à l'auditeur. On ne vient pas écouter les *Grosses Têtes* pour endurer les considérations philosophiques de M. Paul ! Ce qui ne m'empêche pas, lorsque j'en ai l'occasion, de profiter de ma présence sur une radio de grande écoute pour distiller quelques messages sur le devenir de la planète et celui de l'être humain.

Peu à peu, j'ai appris à connaître chacun des participants et réussi à développer des affinités avec certains d'entre eux. J'apprécie Stéphane Plaza, toujours prêt à sortir une ânerie, qui nous scotche parfois par des interventions inattendues et pertinentes. Et surtout, il est très sympathique. Je m'entends bien aussi avec son compère Jeanfi Janssens, un virtuose de l'autodérision. Christine Bravo fait preuve à mon égard d'une extrême gentillesse et de compréhension. Elle est un peu ma « maman des *Grosses Têtes* » et ne se prive pas de me taquiner, avec ce franc-parler qui est sa marque de fabrique.

— Mais ta g... Laisse-nous répondre !

Il y a aussi le très drôle Bernard Mabille, déjà présent aux côtés de Philippe Bouvard, un pilier que j'apprécie comme un aïeul. Je suis heureux de faire partie de cette joyeuse bande et de pouvoir m'illustrer dans ce que j'aime. À force d'être plongé dans l'humeur de l'émission, l'Aspie que je suis, avec toute la difficulté que représente la compréhension du second degré, réussit à saisir la blague et à manier la plaisanterie. Mes efforts sont payants, même si j'avoue que, pour l'instant, lorsque Laurent Baffie assène l'une de ses vannes et provoque l'hilarité générale, je n'ai pas encore toutes les clés pour les décrypter. Mais je sais que ça viendra. Il faudra pour cela que j'apprenne à le connaître un peu mieux. Lui m'a surnommé Siri, comme l'assistant vocal Apple qui a réponse à tout, et je le prends comme un compliment.

Ce nouveau parcours radiophonique exige une présence fréquente à Paris. J'y retrouve régulièrement ma chambre d'hôtel à La Villette, où Babeth m'accueille toujours à bras ouvert. J'envisage à terme de prendre un petit pied à terre dans la capitale, d'où je pourrais me rendre facilement aux studios pour chaque enregistrement et me sentir un peu plus chez moi. Un lieu où je pourrais écrire tranquillement lorsque je ne suis pas à Grenoble, puisque tel est maintenant mon objectif : publier des livres sur des sujets qui me sont chers. Le premier est presque terminé. Il sera sans surprise consacré à un sujet historique, les tueurs en série et les grands criminels à Paris. Chaque affaire sera replacée dans le contexte de l'époque, et je m'attarderai sur la construction psychologique fascinante de ces personnages peu recommandables, reflet le plus souvent de la misère ambiante et de la complexité des relations humaines. Le livre sortira bientôt, et j'espère qu'il me servira de tremplin, car déjà d'autres envies et projets d'écriture se font jour. Ils confortent ma certitude que bien accompagné, tant dans sa vie personnelle que professionnelle, tout est possible, même pour une personne avec autisme. J'ai toujours à cœur de transmettre ce message, cette envie de prendre les choses à bras-le-corps, de profiter de la lumière braquée sur moi pour dispenser des conseils à ceux qui sont en difficulté. Régulièrement, des personnes en situation de handicap physique ou psychique viennent me voir et me remercient de porter la voix de la différence. C'est un plaisir, une fierté, et j'espère pouvoir le faire longtemps encore. C'est sans doute le côté philanthropique d'un garçon qui se dit misanthrope en toutes circonstances.

# Remerciements

À ma mère, Sophie, présence tutélaire dans ma vie et mon œuvre, qui m'a relevé et soutenu quand j'étais seul dans le noir, qui continue à s'occuper de moi et sans qui je ne serais pas parvenu jusqu'ici ;

À mon père, Ali, qui de concert avec ma mère s'est occupé de moi depuis tout petit, qui a le don du sport et celui de la cuisine, et qui me les fait partager à chaque instant ;

À mon frère, Samih, pour les parties passionnées de jeu vidéo, pour les baignades heureuses dans la mer des Caraïbes, pour supporter mon manque d'affection, pardon ! ;

À ma sœur, Louise, qui répond toujours présente pour une partie de cartes, qui me concocte souvent de bons gâteaux et que j'aide parfois pour ses devoirs ;

À ma Mamie, Catherine, qui essaie toujours de me comprendre et de me défendre, qui essaie de combler ma soif de culture en partageant la sienne avec moi et qui joue sans fin aux jeux de société ;

À mon Papi, Michel, avec qui j'aime faire du

vélo jusqu'à l'abbaye de Frigolet et même plus loin ! ;

À ma grand-mère Ghalia, qui m'a entouré de tout son amour et qui m'a tellement câliné ;

À mon grand-père Mohamed, que je n'ai pas connu mais qui a toute sa place dans mon cœur ;

À Christine et Marc, qui sont toujours là pour moi ;

À Raphaël, mon cousin, qui n'est pas plus grand que moi, c'est faux !!, et qui est trop fort à l'école, c'est pas humain, ça !! ;

À Marion, qui s'est toujours intéressée à ma différence ;

À Juliette, Charlotte et Côme, mes petits cousins que j'aime bien ;

À mon oncle Mohammed, mes tantes Fatima, Halima, Thouria et Saïda qui m'accueillent toujours avec tellement de chaleur et de générosité ;

À toute ma famille, proche et élargie, d'ici et d'ailleurs, de France et du Maroc, pour savoir m'entourer et m'aider sans compter à comprendre le monde, ce monde si souvent difficile à vivre ;

À Emmanuelle, pour m'avoir donné la possibilité de faire ce livre, de vivre cette extraordinaire aventure du livre, moi qui les aime tant ;

À Serge, pour sa patience, sa compréhension et son écoute sans faille, pour ses perception et interprétation si pertinentes et exactes de ma personne ;

À Jean-Luc, pour son attention et sa bienveillance de chaque instant et tout au long de cette aventure télévisuelle ;

À Yohann, mon « p'tit pote Yoyo », pour tous les bons moments passés ensemble, pour les rigolades, pour les courses poursuites dans les couloirs du studio 107 ;

À toute l'équipe des *Douze Coups de midi* au complet pour sa gentillesse, sa complicité et sa chaleur humaine ;

À toutes les personnes qui ont pris la peine de m'écrire de si belles choses, pour leurs belles lettres manuscrites, leurs jolies cartes, leurs cadeaux, leurs livres, le partage sur leur ville ou leur région de France, pour toute l'affection qu'elles m'ont envoyée et qui m'a fait tant de bien ;

À tous ces anonymes qui me croisent partout où je vais et qui me reconnaissent et me témoignent tellement d'admiration et d'amitié comme Bruno, le restaurateur de Montélimar ;

À tous les personnages de l'Histoire qui nourrissent mon inspiration, ma philosophie, et comblent ma solitude en me chuchotant constamment que la vie vaut la peine d'être vécue ;

À tous les camarades Aspie qui sont venus sur le plateau me soutenir : Lily, Baptiste ou Aouatif et aussi à tous les autres ;

À Josef Schovanec, que j'ai pu rencontrer, et dont les interventions et les écrits ont contribué à poursuivre cette sensibilisation qui est celle de l'autisme et de la différence ;

À Jorick, qui malgré la distance est venu de Belgique pour m'encourager ;

À Pierre, le policier belge, pour son affection,

sa gentillesse et son nœud papillon que je garde précieusement ;

À mes récents compagnons de sortie et de jeu : Gérard et Jordan ;

À Babeth, pour sa grande bienveillance et sa fidélité sans faille, je ne serai jamais seul à Paris grâce à elle ;

À l'école de la Bayanne à Istres, pour m'avoir soutenu durant mon parcours ;

À tous mes fans et à ceux qui me portent dans leur cœur en France, en Belgique, en Suisse ou à Monaco !

Composé et édité par HarperCollins France.

Imprimé en août 2021
par CPI Black Print (Barcelone)
en utilisant 100% d'électricité renouvelable.
Dépôt légal : septembre 2021.

Pour limiter l'empreinte environnementale
de ses livres, HarperCollins France s'engage
à n'utiliser que du papier fabriqué à partir de
bois provenant de forêts gérées durablement
et de manière responsable.

*Imprimé en Espagne.*